JN269817

撮影＝市来朋久・又野弘路

この本の刊行にあたって

1975年に弊社から刊行された『企業参謀』、そして1977年の『続・企業参謀』はかなりの人気の高さから、1999年には正・続合わせた『新装版・企業参謀』として1冊の本にリニューアルされました。そしてその人気と読者からの評価は現在も衰えることなく、毎年、版を重ねております。

もともと著者の大前研一氏が米国コンサルティング会社に入社後、仕事の内容を理解しやすいようにと書き留めていたノートから生まれたこの本は、それまで戦略的経営とは無縁であった日本企業に新風を吹き込みました。また、その内容の確かさから英語をはじめインドネシア語、トルコ語、オランダ語、ドイツ語、ロシア語など各国語に翻訳され、世界中のビジネスパーソンの座右の書となるだけではなく、海外の大学やビジネススクールの教科書としても使われています。

ところが一方、一般のビジネスパーソンの方々がこの素晴らしい本に触れるのは、早くても課長クラスになってからというケースが多く、「大前理論」に若くして接する人が少ないという現実もあります。それは日本のビジネス界にとって大きな損失ではないか――とプレジデント書籍編集部は考えていました。

なぜなら、頭の柔らかい若手のうちに大前流の思考法を身につけることで、確実にビジネスの手法がレベルアップし、かつビジネスに対して今まで感じなかった「面白さ」を体感できるからです。そしてそういう人たちが増えることで、日本のビジネス界も元気を取り戻すという期待があるからです。

そこで今回、『正・続企業参謀』と、そこで紹介した手法を詳しく解説した『マッキンゼー・現代の経営戦略』を基に、大前理論を短時間で習得できる『企業参謀ノート・入門編』を大前氏に依頼し、ご快諾いただきました。この本は大前理論の基礎を学べるだけでなく、原典の『企業参謀』をお読みになった方々が再度、大前理論を復習したり、検索する上でも便利な構成となっております。みなさまのビジネス人生の一助になれば、編集部一同このうえない幸せです。

プレジデント書籍編集部

How to Read

『企業参謀ノート』はこう読んでほしい!

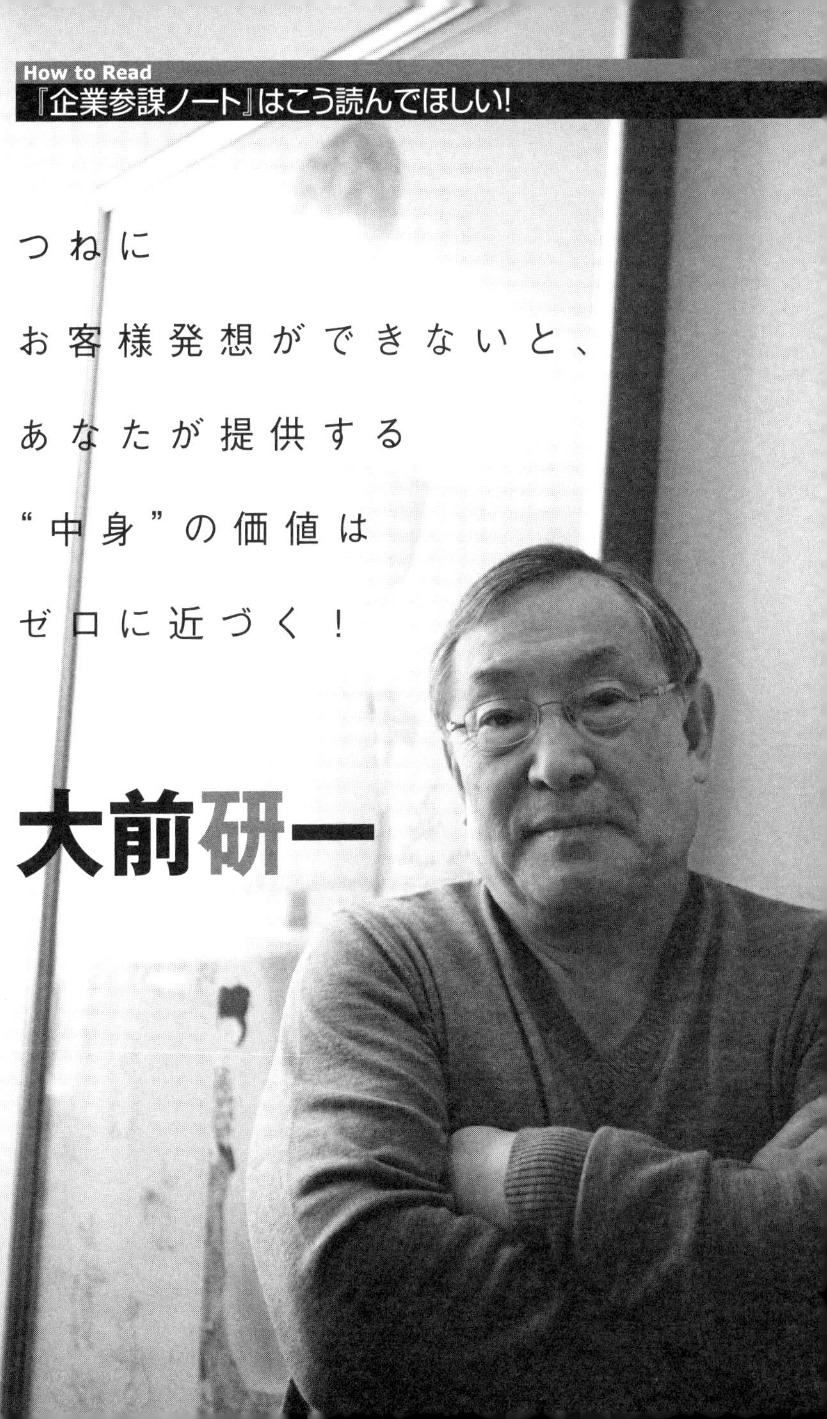

つねに

お客様発想ができないと、

あなたが提供する

“中身”の価値は

ゼロに近づく!

大前研一

最初から答えを持っている

参謀など存在しない!

まずは、自分の頭で

考えることから始めなさい!

この本のテーマは至極簡単だ。「自分の頭で答えを見つけ出す方法を手に入れなさい」ということだ。

ところが日本人の多くは、現状を分析し、その分析結果から論理的に正解を見つけ出す能力に著しく欠けている。偉そうに言っている私自身が実はそうだった。マサチューセッツ工科大学（MIT）に留学しているとき、担当教授の質問に答えられなかった私は、「ちょっと図書館で調べてきます」と返事をして大いに怒られた。

「なぜ図書館なんだ！　この問題を私と君が解決できなかったら、世界中の誰が解決できる？」と。

そのとき初めて「正解は自分の頭で導き出すものだ」と悟ったのだ。最近の若い社会人たちは上司の調査依頼に、「Googleで調べてもわからないから、無理です」と平然と答えるそうだ。私は彼らを笑えない。しかし苦慮はする。

たまたま海外で勉強する機会を得ることのできた私は、教授のお叱りの言葉で目が覚め、自分の頭で考える重要性を知った。ところが今の若い人たちには、その大切さを知るチャンスがあるのだろうか？――そこがこの本を私に書かせた真の動機だ。特にこの上巻の入門編では、物事の本質をつかみ、論理的に正解を導き出すための心がけと方法論を中心に紹介していくつもりだ。

日本に真の参謀と呼べる人材が少ないのも、国民性に無縁ではない。長年、日本の企業風土にさらされ続けていると、どんなに優秀な頭脳の持ち主でも「官僚化」してしまうのだ。

この場合の官僚化とは、責任を取らないですむ道を巧妙に選んで人生を送るという意味だ。正解を知りながらも自分の保身を優先し、プロジェクトが失敗すれば「やっぱりな。オレはあのときこうすればいいと思ったんだが」と後から評論する人種だ。だが、こんな人は参謀にはなれない。潰れかけた会社を立て直すことなどできやしない。

参謀とは、天気予報を見て「今日の天気は晴れのち曇り。降雨確率は50%か……」とつぶやく人ではない。雨が降りそうなら、「社長、傘を持っていってください！」と言える人なのだ。単なる分析屋さんや評論家さんとの違いはそこだ。私がこの国で40年間コンサルタントとして稼げたのは、日本人がいまだにこの最後のひと言が言えないからなのだ。

分析だけではなく、どういう行動をとればいいかまでのロードマップを描くのが参謀の役目なのだ。ひと言で言えば「結論が言える人」。それが参謀だ。

そういう「参謀力」を持った人たちが増えてこないと、日本という国自体がこのまま衰退に向かってしまう。

評論家のまま
留まっていてはダメだ！
降雨確率が５０％でも、
「社長、傘を持って
いってください！」
と言える人が、
本当の参謀なのだ！

社会に出たら、
カンニングは正義であり、
カンニングできない
ような人はダメだ！
なぜなら真の答えを
見つけ出すことこそが、
ビジネスパーソンに
課せられた仕事だからだ！

参謀というのは、将軍（社長）に対するアドバイザーだ。若くしてそれができるようになるには、面倒臭がらずに自分の足を使って人の話を聞きに行ったり、街に出てデータを集めたりしなくてはならない。ネットを使ったっていい。とにかく汗をかいて資料を集め、必死で分析し、そしてそれを将軍にわかりやすい形で伝える——つまり具体的な行動として提言することのできる人が参謀と名乗れるのだ。

だから、正解を導き出すためのカンニング、論理思考の出発点となる材料を集めるためのカンニングは大いにするべきだ。だが、考えもなしに「答えに見えるもの」を見つけて、それを正解だと思ってしまうと、先の私の図書館の例と同じになってしまう。つまり世間に転がっている「常識」と「正解」とを混同してはならないということだ。

当たり前のように世の中に偏在する、常識とプリントされたパッケージに包まれたものを、無条件で信じてはいけない。自分の手でそのパッケージをほどいて、その中身の本質をつかむことこそが参謀の役目だ。

そういう努力をして初めて「本当の答え」を導き出すことができる。カンニングしても、私が紹介するツールを使ってもかまわない。正解に達することこそ参謀の正義なのである。

どんな理論も、それを鵜呑みにしているだけでは「ジンクス」と何ら変わりない。

ケーススタディなどもあまり意味がない。過去に学ぼうにも環境が急速に変化しているので、そのままでは参考にならないからだ。

だから自分の眼で見て、自分の頭で考えて、正解を見つけ出す能力が求められる。つまりロジカル・シンキング＝論理的思考が必要なのだ。

そして、ロジカル・シンキングができて初めて、今度は理論やケーススタディが生きてくる。そうしてこそ理論やケーススタディを便利な道具として使う下地ができるのだ。

論理的な

思考に基づく意思決定は

専門や立場、

国境さえも越えた

説得力を持つ！

ピタゴラスの三平方の定理は2500年の間、正しかった。なぜ正しいか？　それは論理的思考に基づいて証明することができる結論だからだ。だから世界中の誰もが納得する説得力を持つのだ。

参謀たる者、このような論理的思考を武器にすることなしに、人を説得し、自らのプランを採用させることなど不可能であろう。

そしてその論理的思考を支えるのは、徹底的な分析だ。パッケージに惑わされず、中身は何か見極める眼力だ。特に現代のようにビジネスを取り巻く環境が刻々と変化する世の中では、前提条件自体がすぐに陳腐化してしまう。絶対正しいと思っていたピタゴラスの定理だって、球面上では成立しないんだということも、参謀は忘れてはならない。

論理的思考と本質を見極める分析力——この2つを日頃から意識して磨くことが、自分の言行に説得力を持たせる唯一の道なのだ。

しかし、実はその2つだけでは足りない。もう1つ重要なのは、分析と論理で導き出した結論を、経営者や上司が実際の行動にしやすい形で伝える能力だ。この3つが参謀が具えるべき基本能力と言えるだろう。

ツールは使え！

だが、ツールに頼るな！

ノウハウで

生きていこうとすると

人は怠惰になる

この入門編とその続刊となる『企業参謀ノート・実践編』(2012年11月刊行予定)では、分析や論理的思考を助けるためのツールと言うべき分析法や思考法の数々を紹介している。特に実践編のほうではこれらのツールの紹介と使用法にかなりの紙数を費やしている。

これらのツールは便利だ。だが、ツールがあるからと安心していてはダメだ。何億円もするバイオリンだって1つのツールだが、名人が弾くのとそうでない人が弾くのでは、響く音色が違うということを忘れてはならない。ツールに習熟するのはいい。しかし「ツールの使い方を知っている」というだけでは怠惰になるだけだ。日頃からツールに触れ、ツールを使い込み、そのうえでツールはツールにすぎないと割り切ることが大事なのだ。

ところが「なんとか総研」といった分析屋さんたちは、ツールから導き出したアウトプットをクライアントに見せて、「へぇー!」と驚かせるだけ。じゃあ、会社はどうすればいいのと問われても答えられない。これでは意味がないのだ。何度も言うが「社長、傘を持っていってください」と、具体的な行動に落とし込んだ結論を言えるのが参謀なのだ。ツールによって導き出された分析を行動に落とし込まずして、参謀を名乗る資格などない。

この本を読んでいる20代、30代のビジネスパーソンの方々には、「社長に若くしてアドバイスできる人＝参謀を目指しなさい！」と伝えたい。そういう参謀役になることを目標にして勤めていれば、もし現在の会社で出世できなくても、必ずあなたに値札をつけてくれる会社が現れるだろう。もし現れなくても、心配することはない。自分で事業の1つも起こせるくらいの潜在能力は、すでに養われているはずだからだ。

40代、50代の会社員の方々の場合は、すぐに会社や自分の統《す》べる部署の経営に活かすことができる。そのためにはまずこの本を読むことで、今まで固定観念となって染みついていた常識を一度疑ってみてほしい。その先には新しいビジネスチャンスだけでなく、考えもしなかった障害や危機が見出せるはずだ。だが、恐れることはない。危機や障害の突破口を案出する思考法と方法論はこの本に詰め込んだつもりだからだ。

経営者の方々の多くは、すでに拙著に触れた経験を持っているのではないだろうか。そういう方々にとってはこの本のハンディさが役立つだろう。大前理論なり大前セオリーを復習するのに便利なように心がけた。また各ページの太字タイトルの部分だけお読みいただければ経営箴言集として、日々の会社経営のヒントにもなると思う。

会 社 の 名 札 で 生 き る な !

自 分 の 値 札 で 世 の 中 を

泳 ぎ 切 り な さ い !

「経営は多角化から、選択と集中だ」と語る日本企業の社長は数多い。しかし私は、実際にその「選択と集中」をやっている会社に、いまだお目にかかったことがない。

例えば中国進出だ。

現在この中国には100万都市が200もある。ところが日本には12かそこらしかない。もし本当に選択と集中が大切と考えているのなら、日本企業は日本国内の17倍の支店長を中国に送り込んでいるはずだ。

だが実際は、例えば神戸支店長より落ちる人材を上海支店長にすえて、それでおしまいというケースがほとんどだろう。

しかし、世界の有力企業はこの選択と集中をきちんと実行している。中国に100万都市が20しかなかった10年前から、中国支店長候補をちゃんと養成してきているのだ。

どこで金を儲けるかが
わかっていない日本企業。
チャイワン[注]や韓国に
食われるのは、
時間の問題だ！

注：チャイワン＝提携・協力関係にある中国・台湾企業

今、家電メーカーの御三家、シャープ、パナソニック、ソニーは何千億ものロスを出している。理由は簡単だ。台湾企業が仕掛けてアメリカで売られているVIZIO《ビジオ》という液晶テレビなら、日本のドン・キホーテあたりで42型が9万円程度で買えるからだ。「うちにはブランド力がある」と言って、VIZIOより3割高い値をつけたって売れはしない。デジタル製品など中身はみな同じだから、誰だって安い商品を買う。

ブランド力の上に胡坐《あぐら》をかいていた日本のメーカーに、このような大きなロスが出るのは当然の結果なのだ。要するに「テレビなどは中身はどこも同じことを理解し、そのうえで、どこで金を儲けるのか」を考えた企業が成功するのだ。

このVIZIOは液晶テレビの企画と設計だけのファブレス会社。製品自体は株主である鴻海《ホンハイ》という台湾のOEM会社が製作している。鴻海はいわば下請け会社だったが、シャープという日本の大メーカーを支配するところまで成長した。どちらも「どこで金を儲けるか」がハッキリしていて、その目標に合わせて「選択と集中」をしている。ところがいまだに日本は戦略的思考が苦手だから、自社テレビの液晶を作るために大きな工場を建て、挙げ句の果てに鴻海やVIZIOに安値でその液晶を買ってもらっている。悲しいかな、これが日本企業の姿だ。

世界に目を向ければ
ビジネスチャンスなど
腐るほどある！

日本人は国際市場において大きなハンデがある。それは英語でのコミュニケーション能力だ。

シンガポールは30年も前から公用語は英語と中国語。コミュニケーションの心配がないから、わんさか外資系企業がやってきて栄華を極めている。

お隣の韓国は“IMF進駐軍”に国内を蹂躙されて以来、グローバル化とIT、それとコミュニケーション能力の向上に国家ぐるみで取り組んだ。サムスンに入社するためにはTOEICで850点取らなくてはならないし、そのサムスンで課長になるには950点必要なのだという。そういう「選択と集中」の結果が今日の韓国企業の台頭なのだ。

それなのに日本人は英語でのコミュニケーション能力について危機感を持たなさすぎる。私は日本国内で唯一の成長産業は葬式産業ぐらいだと常々言っているが、一歩、目を外に向ければ、アジアだけでも日本人の中流家庭なみの購買力を持った人々は4億人存在する。ちょっと外を見回せば国内の4倍の市場が存在するわけである。

そのとき、コミュニケーション能力のない参謀など、まったく戦力になどならない。だからうかうかしていると、日本人などお呼びでないという状況になりかねないことを忘れないでほしい。

まず、「自分は人と違う人生を生きよう!」と思わなければダメだ!

他人と変わらない人生や、他人の足跡をたどるような人生など意味がない！　それは他人の人生を生きているにすぎない。私に言わせれば、それは生きながら死んでいるのと何ら変わらない。

人と違う人生を生きるためには、頭をフルに使わなくてはならない。進む道が危険かどうかを察知するために、自分が置かれた状況を素早く正確に分析する必要がある。

つまり、いい人生を送りたければ、「参謀力」が必要となるということだ！

『企業参謀ノート・入門編』◉目次

第1章

問題から目を背けるな。
“決断”ができない人は
生き残れない!!

01

完全主義の落とし穴!
タイミングのよいデシジョンを
行えない管理職やリーダーが
この国には溢れている。
あなたの場合は?

日本人の多くは決断することへの恐怖心が強すぎる。確かに決断には責任が伴う。失敗すれば非難もされる。そういう重責への耐性が、日本人には足りないのだ。だから問題は常に先送りされる。いくら状況が悪くても、本質的な問題は放置され、もし自分がリーダーを務めているとき、破滅的な結果が顕在化すれば、「運が悪かった」と自分を慰める。この国の総理大臣たちでさえ、なんら変わらないのだから、恐れ入る。

しかし、こういう態度こそが本当の無責任であって、的確なデシジョンを行って最悪の事態を切り抜けることこそリーダーの最低限の務めではないだろうか。

もう1つ、日本人の決断を阻害する大きな要因は無邪気なまでの完全主義である。完璧な解答を求めすぎて、決断のタイミングを逸してしまうのだ。海外で通用する日本人が少ないのも、この妙に潔癖すぎる完璧主義と同根だ。

例えば、多くの日本人は頭の中で「この英語で果たして正しいのだろうか?」と考えすぎて、結局しゃべれないでいる。国際会議などでも、他の非英語圏の人々は自分のブロークンな英語でも、タイミングよく意見を伝えるが、日本人はワンテンポもツーテンポも遅れて意見を言う。だからバカにされるのだ。自分の意見よりも、完璧な英語が優先されるという倒錯にまったく気づいていないのだ。

ビジネスというのは戦争と一緒で刻々と変わる市場の中で、相手の戦力、作戦を推理し、その一枚上を行く戦略を遂行しなくてはならない。そんな状況の中で勇断を引き延ばしにしたり、問題に毅然と立ち向かわなければ足もとをすくわれる。そこではむしろ、「どのくらい完全主義を捨てられるか」が勝負を分けるカギとなるのだ。

02

日本のひ弱さは
戦略的思考の欠如が
原因だ!

明治維新からおよそ100年間は、かなり高度な戦略的思考の歴史でもあったと私は思っている。産業国家の成長という課題に対しては、日本は近代化に成功したと言っても過言ではない。

しかし、こうした成功をもってしてもなお、国際社会において日本は「ひ弱」というレッテルをぬぐいきれない。そのひ弱さの根底には、世界の他の国々、特に国際的な立ち回りのうまい国々に比べて、日本および日本人の戦略的思考力の欠如があるのではないだろうか。

その戦略的思考力の欠如がハッキリと表れるのは、「やれることがあるのに大ごとになるまで何もしない」という点だ。失敗が誰の眼にも明らかになるまで、物事を引っ張るという性癖だ。例えば日本人は、「原爆を投下したことによって、早く戦争を終わらせることができ、それがゆえに多くの日本人の命を助けることができた」というアメリカ人の言葉には頭から反対する。しかし、「こうすれば日本は原爆を落とされずに早く戦争を終わらせることができた」と言うことのできる日本人に、私はいまだかつて会ったことがない。

ひと言で言えば、日本人は「What's if ～？」(もし～だったら、どうするの？)」という思考法が苦手なのだ。理由は2つ。

1つは1000年以上の間、中国や欧米という手本をなぞり続けたため、自分の頭でゼロから考えることなく、答えを手本に求める癖が身に染みついている点。日本人にとって「答え」とは考えるものではなく、見つけるものなのだ。

2つめは言霊《ことだま》信仰。悪いことはなるべく考えない。悪いことを言ったら本当にそうなってしまうという強迫観念がDNAに組み込まれてしまっているのだ。

そして教育の現場がそれを助長している。親にも先生にも楯突かず、質問もしない児童を大量生産してきたから、考えもしない日本人だらけになってしまった。

そこで私は言いたい！　まず、「What's if ～？」を考えることが、戦略的思考力を磨く第一歩なのだ、と。

週休2日制の人が多いと思うが、あなたは土曜日の午後、何をしているだろうか?

実はその時間帯を有効に使うかどうかで、一発で差がつくんだよ。土曜の午後、4時間あったら、その4時間を「自分の頭で考える」時間帯にするのだ。

例えばトルコで事業展開をするにはどうしたらいいか、インドネシアでうまくいっている会社はどんなところか、とかね。これらは全部、ネットで調べられるんだ。サイバーで7、8割の仕事ができちゃう。

後は疑問に思ったら、そのままにせず、相手にメールを打って質問すればいい。そう、こんな時間の過ごし方を習慣化すれば、土曜の午後で大差がつくんだよ!

03

図書館に答えを探しに行っても
見つかる時代ではない。
答えは自分で出せ!
答えのない"今"という時代に
その答えをどこかから
見つけ出そうとするのは
愚の骨頂だ!

前書きにも少し書いたことだが、私がマサチューセッツ工科大学（MIT）に留学していた頃、恩師のオグルビー教授にチョークを投げつけられて、大いに叱られた経験がある。教授から質問された私が、「では、ちょっと図書館で調べてきます」と答えたのがその原因だ。

多くの日本人には「私がなぜそこまで叱られたか」がわからないだろう。今から40年以上前の大前研一も同様だった。

「なぜ図書館なんだ！　この問題を私と君が解決できなかったら、世界中の誰が解決できる？　ここは天下のMITだぞ。図書館に答えがあるような問題に取り組む場所じゃない！」とオグルビー教授は言い放った。

以後、私は答えのない課題へのアプローチの仕方を徹底的に学んでいったのだ。

ところが日本の教育現場はこれと正反対だ。「○」という答えを教えるのが教師の生業で、生徒もその答えを憶えることが学習だと思っている。これではいつまでたっても世界で通用する人材は出てこない。サブプライム問題にしても震災復興にしても、最初に答えがあるわけではない。企業も経営も同様だ。どう解決するかを考え出せる人にこそ、価値があるのだ。

04

偏差値という偏狭なワクから外れた自由な発想を心がけ、もっと夢や希望を持て！

日本人から自由な発想力を奪ったとしか思われない原因は「偏差値教育」にある。私がこう言い切るのは、それが国家戦略であったからだ。偏差値というものが本格的に教育現場に導入されたのは、連合赤軍による浅間山荘事件（1972年）以降のこと。中曽根康弘元首相から、当時は世界中で学生運動による武装蜂起や暴力事件が広がっていたからだと聞いたことがある。

当時の与党・自民党は学生をどうコントロールすればいいか、その知恵に頭を絞り、その結果、編み出されたのが偏差値教育だったのだ。要するに偏差値は国家が決めた価値観のワク組に学生を押し込めて、タガにはめる道具だったのだ。

偏差値などなかった私の時代は、みんな、自分の未来は無限だと思っていた。学校の成績がどうあれ、なりたい自分を自由に思い描くことができた。「こんな成績でそんな夢を持ってどうするんだ」などと周囲から言われたことはないし、好きな学校を受験できた。ところが偏差値教育以後、自分の未来を偏差値で輪切りにされた子供たちは「自分の偏差値で行けるのは○○大学と××大学」と、自分のやりたいことよりも偏差値で進学先や就職先を決めてしまう。

できない子ならまだしも、できる子ですら、「せっかく偏差値がいいのだから、こっちの大学へ」と、夢や希望などそっちのけで、先生や親が進学先を決めてしまうのだ。

その後、連合赤軍のような過激分子はほとんど出てこなくなったし、年金データが消失しても「怒り」を表さないような従順な国民を量産できたから、そういう面ではこの国家戦略は成功だったかもしれない。しかし、夢を描き、それを実現しようと考える「人生の戦略家」は皆無に近い。その結果が戦略的思考ができる日本人の少なさであり、今の凋落してゆく日本国なのだ。なんとも皮肉な話ではないか。

05

決断力の弱さは死を招く。
先延ばしは大きな悲劇を招く。
現状の延長線上に解がないときは、
あえてリセットする勇気を持ってほしい！

デシジョンが遅いのは、日本人の大きな欠点だ。長期的には「このまま行けばダメになる」とわかっていながら、短期的には「もう少し今のやり方で、現状を凌いだほうがいい」という結論を出したがるという精神構造を持っている。だから決断を先延ばしにして、事態を悪化させてしまうのだ。

決断とは「A not B（BではなくA)」「A or B（AかBの一方)」を選ぶということである。

しかし日本人はAもBも守ろうとして失敗してしまうことが多い。特に「今まで積み上げたものを捨ててでも出直す」という決断ができない。

例えば大学を卒業して有名企業に就職すると、「せっかく入ったんだから」と考える。半年もいて、今の経営陣を見れば「こんな会社に40年いてはダメだ」とわかるはずなのに、3、4年もすればゴマのすり方も覚え、社内に自分の「居場所」を作ってしまう。上司の判断に寄りかかっていれば、安泰。出世もしていく。ここが決断力を失った管理職が増えていく原因だ。

リセットやリトリート（退却）も戦略家にとっては選択肢のひとつにすぎない。ダメだと思ったらやり直す勇気を持たない限り、真の戦略家とはなり得ない。

06

低成長下の経営は
誰も、
判断ミスを許してはくれない

現在のように低成長下における経営は、高度成長期に比べてはるかに難しい。判断ミスに対する融通性が著しく少ないからだ。成長期の経営は簡単だ。どれくらい設備投資すればいいかが不明でも、とにかく投資しておけばよかった。結果として過剰になった場合でも1、2年待てば誤りは是正されるし、現実に投資が不足しているなら、そこで直ちに投資すれば問題ない。判断ミスに対する許容度が大きいのだ。

しかし低成長が基調になってくると、ひとつの判断ミスが競争力の失墜や収益性の悪化に直結してしまう。こうした状況に対処するには、以下の思考が必要になってくる。

①判断を従来よりも分析的・科学的に行うこと
②分析を行う力を内部的に身につけること
③判断を「特定職制のもの」という認識から、「会社全体のもの」だという認識に変えること
④一度下った決定に対して、誰も当惑することなく、逆転できるようにしておくこと

特に、③④の考えについては、強調しなくてはならない。これは日本人が「恥の文化圏」に住んでいることに起因する。つまり、自分の誤りを認めることほど悔しいことはないという思いを強く持つ国民性だからだ。

06

アメリカなどでは責任が明確に決まっているので、意思決定が行われやすい。向こうで仕事をしてきた人などは、日本もそうするべきだと言うが、何百年来の習性を是正するのはどだい無理だ。

むしろ決定において個人や特定職制の判断にゆだねる部分を極めて小さくしてしまうほうが、易しいように思えるのだ。

そうするためには「勘」で議論を進める部分を小さくし、できるだけ事実に基づいた討議ができるよう、リーダーを目指すビジネスパーソン各自が、データの収集と分析の腕を磨くことが肝要になってくる。

● 低成長期は、ひとつの経営判断ミスが命取りに!

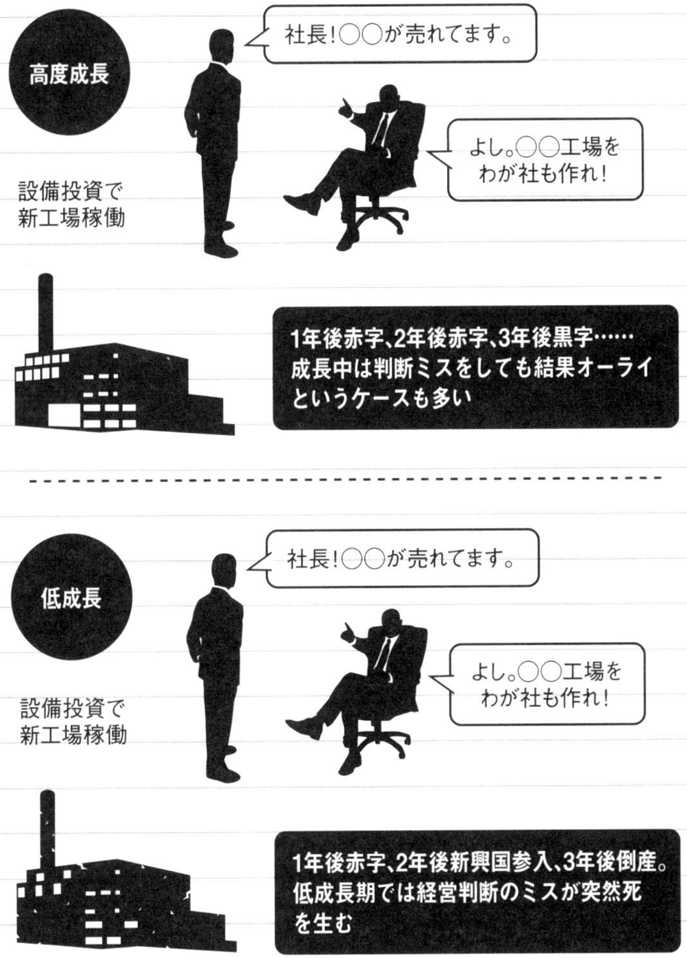
高度成長
社長!○○が売れてます。
よし。○○工場をわが社も作れ!
設備投資で新工場稼働
1年後赤字、2年後赤字、3年後黒字……
成長中は判断ミスをしても結果オーライというケースも多い
低成長
社長!○○が売れてます。
よし。○○工場をわが社も作れ!
設備投資で新工場稼働
1年後赤字、2年後新興国参入、3年後倒産。
低成長期では経営判断のミスが突然死を生む

07

日本の社会に
本当に必要とされているのは、
自分で考えることができる人
——つまり、
「参謀型」の人材である

よく、「ひらめき型」の経営者と言われる人がいる。独自の発想のもと、人が考えもしなかったユニークな事業を発案し成功を収めるタイプの人だ。日本のみならず、アメリカでも創業から短期間に成長した会社のトップには、ひらめき型の経営者が多く見られる。

ところが、企業の命題は長く存続することにある。その時々の環境に適応して、中長期的に安定した経営を続けていけるかどうかは、経営者の資質にかかっている。社長の「ひらめき」で成功した企業というのは、その名の通り一瞬の輝きを残して消滅してしまうことも多いのだ。だからアメリカにおいて30代で事業を成功させたようなIT経営者たちなどは、事業を成功させたら100億円単位の年俸で有能な経営者を雇う。事業に継続性を持たせるには、データの検証などで十分条件を明らかにし、それを具現化することができる人材が必要だからだ。

短命の企業をよく調べてみると、経営者がひらめき型で、かつ、その経営者の周りに参謀がいなかった――つまり「経営するチーム」が皆無だった、というケースが少なくない。特に日本企業の場合、それが顕著に見られる。健全な企業経営には、経営者と複数の参謀によるチームが不可欠だ。だが、日本には驚くほど参謀役のできる人材が少ない。これは、参謀に求められる論理的思考能力――「もしこうなったら、どうする？」を徹底的に考え抜く能力を開発する人材の育成を、日本の企業が全く考えていなかったからだ。ここが一番大切な能力であるにもかかわらず……。

08

残念ながら、日本の会社では
ほとんどの社員が
「思考停止」状態に陥っている!

日本の企業に勤める多くの社員に真の「思考能力」があるのかと問われれば、私は残念ながら、ほとんどの会社員が思考停止状況に陥っていると答えざるを得ない。

社員が思考停止に陥るパターンは次の2種類だ。

①トップがダメな場合

②トップが強すぎる場合

トップがダメな場合は、社員がいくらいい提案をしても、本社の幹部スタッフなどから潰され、認められない。そんなことが何度か繰り返されると、社員のほうも「考えても仕方ない」という気持ちになり、思考停止してしまう。

反対にトップが強すぎる場合も、社員が思考停止に陥る。カリスマ経営者が亡くなったり、引退した途端、会社の勢いが衰えてしまう例は枚挙にいとまがない。そういう会社の社員はカリスマの細かい命令や指示を忠実に実行していれば、会社は安泰だったからだ。

ところがいざ、そのカリスマがいなくなってしまうと、社員は何をしていいかわからずに右往左往する。命令を遂行する能力は鍛えられていても、「自分で考える力」がまったく養われていないからだ。

　また日本の企業風土全般に言えることだが、思考能力と実行能力はまったくの別物、と考えられているのも問題である。それどころか、思考能力がある社員が上司から、「君の思考は学問的だ。アカデミックだ。そんなこと考えているヒマがあったら、もっと本気で働け！」と、思考能力そのもの自体を否定されてしまう風潮すらある。

　しかし一歩外に出たグローバルという荒海を、思考力なしに泳ぎ切ることなど不可能ではないだろうか……。

国が財政破綻やそれに近いハイパーインフレになりそうなとき!

多くの経済学者は理論づけや分析ばかりする。

しかし、本当に知りたいことは、

「俺のなけなしの貯金1000万円をどこに置いといたらいいのか……」

ということだ。本当に知りたい中身、そこを語れる人でなければ、参謀にはなれない!

09

制約条件を取り払え！
障害物が何であるかを知れ！
そして「何ができないか」を
考える前に、「何ができるか」を
考え出しなさい！

　コンサルタントとして、会社の幹部と話をしているときに一番気になるのが、「それはうちの会社では無理でしょう」とか「上が納得するわけがないからダメでしょう」という言葉である。

　戦略立案において、「あれもダメ、これもダメ」「では、残った手はなんだ？」というような思考法をしていたら、いつまでたっても現状打破など不可能なのだ。社内の人間はどうしても会社の空気や部署間の権限の問題などというバイアスがかかって、直截な手段がとれないという傾向が強い。

　また、わが国にはこんな幹部も多く存在する。

「現状維持ではどうしようもないことは、わかっているんですわ……。うちのような会社ではトップの現状理解も乏しいし、従業員の質も落ちる。このままではジリ貧なのはわかってはいるのですが……」――こんな幹部の話は、コンサルタントをしていればいつものことである。しかし戦略家たる者なら、「制約条件」に制約されない自由な思考を持ってほしい。

　見えないしがらみにしがみつかれて、彼のような内部の人間というのは発想の翼を広げられずに、自らを制約してしまっていることに気づきもしない。こういうときに外部の人間は役に立つ。第三者としての立場が取れるからだ。

　そういうとき、私はまず、「あなたが『何もできない』という思いに至った制約事項とは、具体的に何と何ですか？」と尋ねる。すると相談者である会社幹部と私との間に制約条件の具体的な定義づけができる。

次に、「これらの制約条件が一切ないとしたら、どんな可能性が出てきますか？」と聞く。つまり、現実的には人、資金、のれんなどの面で動きがとれなくなっているとき、反対にそうしたリソースがふんだんに使えると仮定した上で、現在問題となっていることの解決を図ったとしたら、どんなことができるのかを空想してほしいと持ちかけるのである。

このたった2つの質問で、従来、制約条件となっていたことが、理想を達成しようと考えているあなたの目の前に障害物となって浮き彫りにされるのだ。そうなると、今度は障害物をどのようにして取り除けばよいかということを集中的に考えることができるようになる。

障害物がみんなにとって共通のものだとわかれば、ベクトル合わせが可能となる。ところが障害物が何であるかという共通認識がない場合は、組織内のベクトルはあらゆる方向に向かい、事態改善のための第一歩を踏み出すことなど不可能なのだ。

だが、一度きちんと理想を阻む障害物とは何かの共通認識を持つと、従来、制約事項と漠然と考えていたことが、意外にも大した問題ではないことに気づくケースが多い。

具体的な例を1つ挙げよう。販売と製造を別会社に分けて、年2回、両者の間で生産台数と売値を決める計画会議を開いていた会社がある。

ただその計画会議の中身はというと、回を重ねるごとに、両者とも相手を敵視し始め、その話し合いの場は不信と戦闘の場と化していった。そうなるともはやお手上げで、内部の者には解決不可能だとさえ思える状況だ。

ところが私がよく見てみると、計画段階で共通のデータベースがなく、双方でそれぞれコストを算出したりマーケットの予想をしていた。両者が異なったデータベースで議論をしていては、最初から収拾などつくわけがないのだ。

もともと同じ会社の別部門と等しい関係にあるわけだから、経営関係を一本化する方向で考えればいいと思った私は、両者の間にまたがる重役ポストを新しくつくり、この重役のスタッフとして、旧組織の双方のスタッフ部門を統合し「経営計画を立案するグループ」を創設。中央集権化の方向で解決を試みた。「何ができないか」を考える前に、「何ができるか？」を考えるのが、参謀の頭の使い方なのである。

10

記憶力に頼るな!
分析力に頼れ!!
日本的思考の弱点を
克服する勇気を持とう

日本人の識字率は500年の間、世界のトップクラスだそうである。しかし逆に考えると、500年来、ずっと世界一の記憶偏重教育をやっているということだ。

なぜなら、小学校の国語以外の科目や高等教育においてまで、生徒たちは記憶力の養成としか言えないような方法で教えられているからである。

本来、論理的な思考を育てる上で理想的な学問である幾何でさえ、いくつ解法を記憶したかによって成績が決まるように組み立てられているし、読み、書き、話すことが目的であるはずの英語でさえ、文法の例外をいくつ記憶したかを試すような試験を課せられる。アリストテレスの論理、推論などというものも、知識として教え込まれるだけで道具として身につけさせようという意識は、日本の教育にはまったくない。

つまり、日本人は成長過程で「分析力」と「概念を創り出す能力」の開発がおろそかにされてきた。これが日本人の思考を展開する空間を狭め、空想が軽視される土壌をつくっている。意識してこの思考の「制約条件」を解消する努力をしていかないと、戦略的思考を手にすることなど不可能なのだ。

11

日常生活で
戦略的思考力を養う
2つの方法

日本人に欠けている「分析力」や「概念を創り出す能力」を養成する具体的な方法を2つばかり紹介する。1つめは新聞やネットからの情報を意識的に制限してみることだ。

なぜかというと、これらは「知識の断片」にすぎない場合が多いからである。日本人の悲しい習性は、知識の断片を脳内に取り込むことで安心してしまうという点だ。

これでは、歴史の年号を暗記するのと大して変わらない。だが歴史家を目指すならいざ知らず、一般人が歴史を学ぶ意義とは、因果関係を探り、もっといえば「過去に学んで、未来に活かす」ことだ。名をなした経営者たちが司馬遼太郎を愛するのも、自分の経営や人事などに応用できるからだろう。

同様にネットや新聞の情報で断片的な知識を集めるくらいなら、週刊誌や月刊誌を重点的に読むほうが、分析力や概念を抽出する能力が向上すると考えてよい。

2つめは、「しょうがない」と受け止めていることを毎週1つ取り上げて、「しょうがある」ことにするにはどうしたらいいのかを考える習慣をつくることだ。これは換言すれば、代案を生み出す能力の開発だ。新しい策（即ち概念）を展開するクセをつけることで、戦略的思考が養われるというわけだ。

また日本人の悪癖として、「お上には逆らわない」という従順な性向がある。だがこの性向こそが修羅場に弱い日本人、競争に弱い日本人をつくっている。それもこれも代案を生み出す能力が欠けているからではないか。

代案が作り出せないから同じ不満を抱える者同士の間でさえ共通意識が育たない。せいぜい会社のトイレやガード下の飲み屋でブツブツと現状に対する不満をつぶやき合うだけで終わってしまい、発展性がない。

現実を無視して勇壮な概念を展開することを是としなければ、参謀に求められる自由な空想力は手に入らない。そのためにはまず、「しょうがない」とあきらめていることを「見つけ出し」、さらに「しょうがなくしないためには、何をすればいいか」を考えることから始めるのである——このように日本人的発想から意識的に自由にならないと、グローバルな国際市場でサバイブすることなどできない、とハラを決めてほしい。

● 参謀力を高める日常トレーニング

①断片的な知識の吸収より、因果関係のパターンを増やすことを心がけよ。

ネット
新聞
週刊誌
月刊誌
単行本

②「しょうがない」とあきらめずに、代案を考えるクセをつける。

満員電車に乗らずにすむ手はないのか?

- 会社の近くに住む → 空いた時間で自炊。弁当も自分で作れば家賃が2、3万円高くても可能
- 朝早く出社 → 残業分の仕事を早朝出勤でこなせば、早く帰宅ができ、就寝時間を前倒しにできるはず

③パッケージの中身を見抜く訓練をせよ。

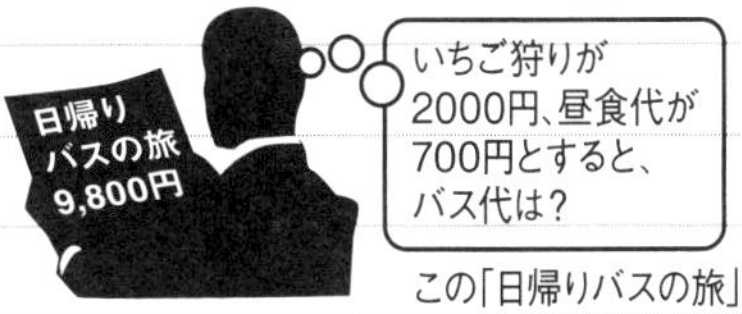
日帰り
バスの旅
9,800円
いちご狩りが2000円、昼食代が700円とすると、バス代は?

この「日帰りバスの旅」は本当に得なのか?

大前's Check!

日常のささいなことでも「考える」習慣を。上記の3つを心がけるだけでも情報収集、作戦立案、分析の能力がUP!

第2章

問題の中身は どうなっているか？ 事の本質を手にする 方法を教えよう

12

問題解決の前に、
まず、問題の存在に
無頓着でいる
その日本人気質から
脱却しなさい!

経営だけでなく、ビジネス上には数多くの「問題」が立ちはだかってくる。すべてのビジネスパーソンはこの問題を解決し、前進していかなくてはならない。

ところが、いまだに日本人はこの「問題解決」が苦手なままであるような気がしてならない。それどころか、問題を問題として認識するセンスに欠けているようにさえ思えてしまう。また、大きな問題が行く手に横たわっているのに、見て見ぬフリをして前進して失敗をするケースが多すぎる。つまり、問題を先送りするクセが抜けていないのだ。

問題の解決は、次のような行程を経て行われる。

①問題の発見
②設問の設定
③設問への解答
④解答の実現

しかし見て見ぬフリをして、①問題を発見することができなければ、②③④の行程を適切に踏むことなど不可能だ。これでは神風が吹いてくれるような天佑や奇跡でもなければ、問題解決などできないのは道理だ。

だが、問題に気づけば、その解決への論理的手順が導き出される。日常においても、些細な変化を見逃さず、絶えず問題点を発見する姿勢が第一に求められるのだ。

13

戦略的思考の第一歩は、
「問題」という
パッケージの中身を
しっかりと見抜く
分析力を養うことだ

問題を解決することこそが「ビジネス」の要諦であるはずなのに、それ以前の段階で日本人はもたついてしまう。1つは先に書いたように問題の存在自体に気づかない、あるいは気づかないフリをして見逃してしまう点。

そしてもう1つは、問題の中身をきちんと分析することなしに対処しようとする点だ。

この結果生まれるのが「アリバイ仕事」だ。仕事はやっているのだが、それが問題の解決につながるかというとそうではない——そんな仕事ぶりの人たちが意外に多い。

経営者自身が問題の中身をしっかり分析していないから、「みんな一所懸命やっているのに、なんで結果が出ないのだろう？」と首をひねる始末。当然だ。問題の本質を見極めない限り、問題解決までのロードマップなど描けるわけがない（この現象を言い換えれば、「官僚化」という症状だ）。

しかしビジネス上の問題はいろいろな要素が複合し、問題点が単体で存在しているわけではなく、パッケージとして提示される。そのパッケージを開いて、中身を精査せずには問題点を見出すことはできない。

この本では「組織における“問題”というパッケージ」を分析し、それらの問題点を明確にし、対処をしていくためのヒントの数々を紹介していこうと思う。

14

「設問する力」がなければ
問題解決などできない。
設問の仕方を
少し変えるだけで
問題は解決してしまう

例えば残業が慢性化している会社があるとしよう。しかも業績も思わしくない。そこで、「残業を減らすにはどうしたらよいか」を考えていく。すると——、

・就業時間中に一所懸命働く
・退社時間の5時をターゲットに必死に仕事する
・昼休みを短縮する
・トイレは3分以内にする

などなど、多くの案が出てくる。しかし、本当にその案を実行したところで効果が出るのかどうか……。

つまり、「残業の減らし方」ばかりを問題にして、それらを論議したところで解決できるだろうかということだ。

ところがこの問題を、「当社は社員一人ひとりに与えられる仕事量に対して、十分に対応できているのか?」という設問に変えてみる。イエスなら社員の働き方に問題があるし、ノーなら人員を増員するしか解決策はない。

このように設問の仕方を少し変えるだけで、問題解決への道筋が明確になってくる。このような解決法を知らない限り、いくら時間をかけて論議したところで光明は見出せないのだ。

15

問題の本質が
わかっていない人に
正しい対処など不可能だ

売り上げの伸びない製品を抱えている会社が「危機感」を持っていないかというと決してそうではない。むしろ会議室では議論百出しているに違いない。

「もっと宣伝を増やそう」
「下取りセールを展開すべきだ」
「営業マンに歩合を与える、ニンジン作戦はどうか?」
「社員や家族に割引販売してはどうか?」

——などなど、誰でも思いつくアイデアが出ているだろう。
しかし私にはそれらのどれもが、本質的な問題解決にはほど遠く感じてしまう。これらのどの策も売り上げが下がっているという現象への対処法にすぎないからだ。

つまり、こういうケースでは、まず「なぜ売り上げが下がっているか」を分析せずに対処などできるはずがない。まず考えるべきは、「売り上げ=マーケットサイズ×シェア(%)」だ。
この3つのエレメントのどれが原因で売り上げを下げているかを分析することから解決法を策定しなくては意味がない。何の分析もせずに何百もの意見をすり合わせたところで、正しい答えなど導き出せない。

16

「人情」に引きずられると、正確な経営判断ができなくなる！

縮退していく市場は撤退するのが定石。しかし、多くの企業が苦杯をなめるまで足を踏み込んでしまう。「過去の栄光」が輝かしければ輝かしいほど、その傾向は強い。だがそれは単なる「人情的未練」にすぎない。この本の原本となる正・続の『企業参謀』を執筆している頃、本田技研はシェア36%を誇った軽自動車業界から、総生産台数65万台という大きな数字を作った軽自動車のN360の撤退を決定した。この未練を振り切る経営者の先手必勝の意気に、私は大いに賞嘆したものだ。

昨今もソニーが有機ELテレビから撤退するか否かが取りざたされたが、このケースはまったく別だ。有機EL自体の市場は拡大が見込まれているから、ホンダが軽自動車から撤退したときとは違う。サムスンが市場の独占を目指して追加投資を続けることに対抗できなくなっているという図式だ。

価格というものは作れば作るほど安くできるし、またシェアを独占すればブランドが確立する。ソニーが有機ELにこだわるなら、今後は製品の質がキーとなってくるだろう。

しかし、拡大中のマーケットというのは、経営努力しだいでシェアを伸ばすことが容易なシチュエーションではある。技術力はあっても、状況を俯瞰し、戦略を立てる経営者に恵まれてこなかったソニーだけに、舵取りには不安が残る。

17

人為的な価格統制が存在するところに、意外な市場ポテンシャルが発生する

1975年、今から35年以上前に、私は「日本国内でアメリカ式の20分理髪店を開業すればチャンスだ!」と述べた。

当時の日本の理髪店は、所要時間が50分間で、価格は2300円くらいだった。50分の調髪時間の7割もが、家でもできる髭剃りや洗髪に費やされるのが何とももったいない気がしたのだ。

それで一体いくらくらいの客単価なら、このアメリカ式の理髪店が成功するのかを考えてみた。すると価格が600円で従来通りの利益が出て、これが700円なら、かえって利益増が見込めるとわかった。

そして現在、QBハウスをはじめとする「10分1000円髭剃り洗髪なしのヘアカット専門店」というスタイルの理髪店が林立している。当時、私が提唱したビジネスモデルが成立することを証明してくれた。

これは職業組合などによって価格統制されているところに、実はビジネスチャンスがあるという好例だ。価格統制によって、顧客に余計なものを買わせているのだ。独占化によって価格を決めているケースもある。これもチャンスだ。郵便局に対する宅配便の成功が、その代表的な例と言えるだろう。

18

思考の道具箱をまず一杯にし、
その道具を駆使して
常識を破り、
パッケージの中身を
バラバラにしなさい!

ビジネスシーンに立ちふさがる事象は、一見、何がなんだかわからない渾然一体となっている場合や、「常識」という名のラベルがついたパッケージに包まれている場合が多いのだ。まず、これをモノの本質に基づいてバラバラにし、それぞれの持つ意味合いを自分にとって最も有利となるように組み立て、そのうえで攻撃に転じる――これこそ私が「戦略的」と考えている思考だ。

この思考法は事象を分解するときも組み合わせるときも、今日がこうだから、明日もこうなるという直線的な考えで判断し実践する、機械的な線形思考とは違う。また、情緒だけを頼りに、勘でいきなり結論にいたるやり方とも違う。

私が「戦略的」と考えている思考は、冷徹な分析と人間の経験や勘、思考力を最も有効に組み合わせた思考形態なのだ。

新しい困難な事態に直面したとき、可能な限りベストな解答を出すには、思考システムだけでも、人間の勘だけでも足りない。人が持つすべての能力を総動員するべきなのである。

だからといって事象をバラバラにして、問題点を探し出し、問題解決の手助けとなる思考システムを知らなくてかまわないということではない。むしろ多くの思考システムを知っていればいるほど、戦略的思考の大きな味方になる。これらはツールボックスの中の道具だと思えばよい。箱の中にスパナが1本入っているだけでは、自転車1台をバラバラにすることも組み立てることも容易ではないだろう。

思考の道具箱の中に一杯の道具が入っていれば、それだけでいろいろな「パッケージ」や凝り固まった「常識」というラベルを分解するのに役に立つはずだ。

つまり、ツールボックスの中にある道具の数が今までの「経験」であり、どの道具を使えばうまくいくかを一瞬で判断する能力が「勘」といえるのだ。

パッケージの中身を分析せよ!

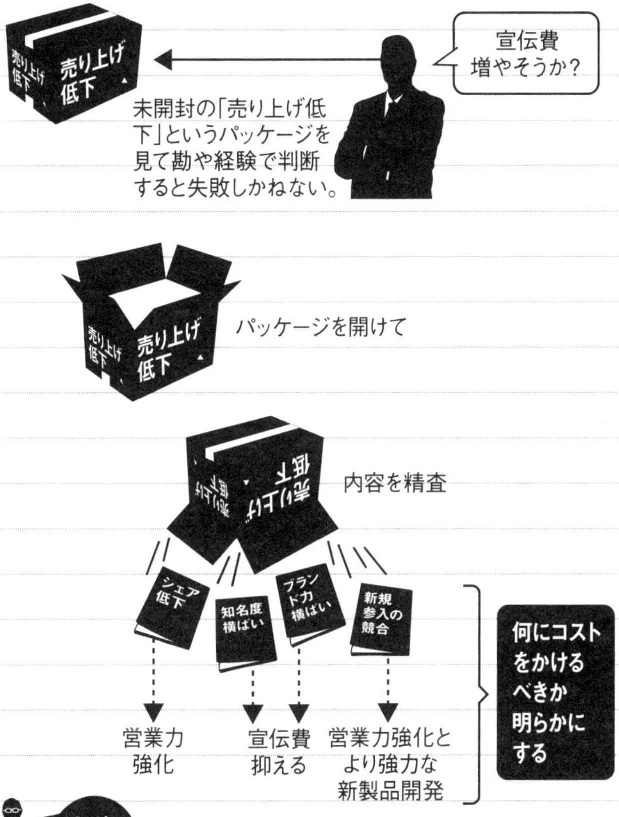
売り上げ低下
宣伝費
増やそうか?
未開封の「売り上げ低下」というパッケージを見て勘や経験で判断すると失敗しかねない。
パッケージを開けて
内容を精査
シェア低下
知名度横ばい
ブランド力横ばい
新規参入の競合
営業力強化
宣伝費抑える
営業力強化とより強力な新製品開発
何にコストをかけるべきか明らかにする

大前's Check!

パッケージの表面だけで判断すると、ピント外れの対応をしかねない。中身を出し、要素それぞれに対策を立てよ!

19

「問題点」の絞り方の
上手・下手で
問題解決できるか否かが
決まってしまう

問題を解決できない大きな原因のひとつに、問題点と解決策が短絡しているケースがある。

例えば「売り上げが伸びていない」という現象に気づき、「では、売る人を増やそう」と短絡的に考えて、営業マンの人員増を決めるといったケースだ。

もちろん、それが功を奏す場合もある。しかし、きちんと問題点を摘出していないので、人件費が増えただけで商品が売れず、余計に首が絞まるといった結果に陥る危険性も大だ。

問題となり得る現象に気づいた段階で重要なことは、「問題点を現象追随的に絞っていく」ということである。

つまり、売り上げが伸びない原因を徹底的に洗い出してから対処法を決めるべきなのだ。ブレストや世論調査、アンケートなどどんな方法でもよいから、当該商品が市場に受け入れられないと思われる原因を徹底的に集め、箇条書きにする。そして同類項をまとめてグルーピングするのだ。そういう作業をすることで「売れない本当の原因」が取りこぼしなく浮かんでくる。

ところがじつは今もって多くの企業では業務内容改善計画やプロジェクト活動において、このような手順を踏んでいないのは遺憾に感じる。

20

問題点を抽象化しただけでは

解決はできない。

次のステップで

問題解決までのアプローチを

設定することが

要求される!

問題を分析し、問題点を抽出することは、なにも経営トップ層による企業活動に限って必要なことではない。日々の業務や人生で決断に迫られたとき——たとえそれが日用品を買うか否かのようなことでさえ——適用すべきだ、と私は考えている。というのも日々、「戦略的に考える」訓練を習慣化することで、ビジネス能力が格段に上がるからだ。

しかし、問題というのは、問題点を抽象化しただけでは解決はしてくれない。洗い出した問題点から、問題解決へのアプローチを導き出し、それを実行して初めて問題は解決する。

個人レベルならアプローチの設定や解決策の実行は、本人にゆだねられる。ところが複数の人間を相手にするとなると、やはり明文化された実行計画書が必要になってくる。

どんなに有能な人でも抽象的な計画は実現できないし、本質を突いた解決策でも、実行されなければ実効は出ない。抽出された問題点を解決するために、どういう行動が必要かを第三者に明確にする——そのためには実行計画書を作成し、問題解決までのロードマップを示さなければならないのだ。

第3章

日本のビジネスパーソンは
アメリカより
「2時間」遅れている!

21

物の本質に近づくための方法論とは?

これまでの解説で、物の本質についてはイメージできたと思う。また、物の本質をつかむことが、問題解決の第一歩であることはわかってもらえたと思う。

ここで問題になるのは、「ではどうしたら本質に早くたどり着けるか?」ということであろう。物の本質を本能的に嗅ぎ分ける天才でない限り、何らかの方法論が必要となってくるのだ。

もし、分析が物の本質に近づくための道具であり、分析は論理的でなければならないならば、利用できる方法論がある。それは、経営学以外の学問領域ですでに案出されている思考形態から学び取ることができるだろう。

イッシュー・ツリーやプロフィット・ツリーと呼ばれる樹形図によって複雑なパッケージとなっている問題点を解きほぐし、分析する手法を拙著でも過去に何度か掲載した。

いつの時代もこれらの方法論についての反響が多かったので、次のページから、分析のために憶えておくと役に立つ手法を、いくつか紹介していこう。

22

問題点から出発して打つ手を探り出すイッシュー・ツリーとは?

私は常々、日本のビジネスパーソンは「2時間遅れ」だと思っている。第一線のアメリカ人ビジネスパーソンを見ていると、彼らはみな、朝の9時には一仕事終えているからだ。同じ時間帯に日本人の多くは、満員電車でクタクタになっている。1日のスタートからして、比較にならないほどの大きなハンデを負っているのだ。

本書の目的のひとつは、「参謀」となり得る人材を育成することである。経営という観点からは離れるが、ここでは「朝活」を例にとって、問題分析の手法であるイッシュー・ツリーの使い方を解説してみよう。

これは、大きな問題点（イッシュー）を提示し、その問題点を相互に重複することのない2つ以上のサブ・イッシューに分割していく方法である。
「朝活」を例にとると、一番の大きな問題点は、「なぜ朝活できないか？」であり、「なぜ早起きできないか？」である。これをサブ・イッシューに分割していくと、次のページの図のようになる。コンピューターのプログラミングをかじった人なら、条件分岐としてなじみ深い思考形式だろう。

この手法を使うときのコツは、あくまで最終段階が人の手の下せる、そして効き目の確かなものとなっていることだ。次のページの図でも、「打つ手」という項目がハッキリと出てくる。このように具体的な解決案まで引き出すことができる、これこそが「イッシュー・ツリー」のメリットである。

このような方法は、医師による問診でもよく見られる。医者は患者に対してどこが痛いのかなどを聞き、検査値を参照しながら病因を絞り込んでいき、具体的な治療法を探っていく。このときの思考形態は、右の図に示したイッシュー・ツリーと同様だと言える。

このように、ツリー構造を使って問題点を論理的に探っていく方法を“ロジック・ツリー”と呼ぶ。この本の続刊である『企業参謀ノート・実践編』でもその手法を紹介するので、そちらも参照してほしい。

● 朝活イッシュー・ツリー

朝活を例にイッシュー・ツリーの作り方を解説していこう。

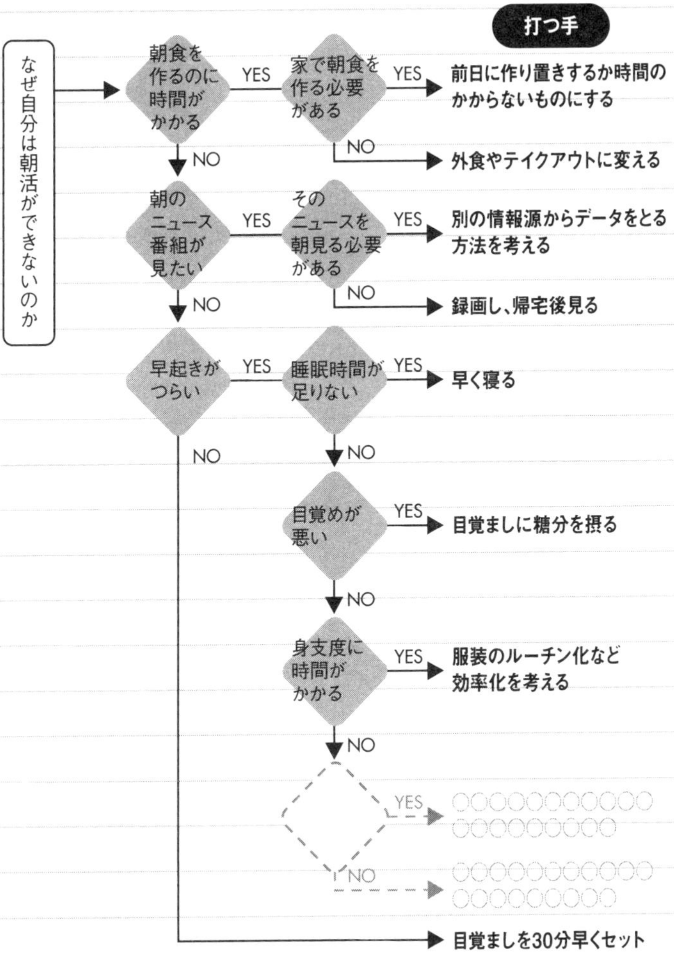
打つ手
なぜ自分は朝活ができないのか
朝食を作るのに時間がかかる
YES
家で朝食を作る必要がある
YES
前日に作り置きするか時間のかからないものにする
NO
外食やテイクアウトに変える
NO
朝のニュース番組が見たい
YES
そのニュースを朝見る必要がある
YES
別の情報源からデータをとる方法を考える
NO
録画し、帰宅後見る
NO
早起きがつらい
YES
睡眠時間が足りない
YES
早く寝る
NO
目覚めが悪い
YES
目覚ましに糖分を摂る
NO
身支度に時間がかかる
YES
服装のルーチン化など効率化を考える
NO
YES
NO
NO
目覚ましを30分早くセット

23

「帳簿が合えばそれでいい」という考え方が日本企業をダメにしている!

企業活動の本質的目的は、成長と生存である！
そして企業活動の原動力となるのは「利益」である！

そう考えたとき、企業内で日々行われる問題解決の成否のカギとなる第一の尺度は、財務情報である。ところが旧来の会計学は税務署や有価証券報告、株主向けの「帳尻が合う」ことを目的とした、財務会計や税務会計と呼ばれるものの域を出ていない。これからはもっと収益性や利益率といった情報を経営に活かしやすい「管理会計」という概念を日本企業も取り入れていくべきではないか――といった主旨のことを私は37年前に言った。

現実の問題として中小企業においては、いまだに財務会計が主体だし、大企業でも財務会計と管理会計の両者をうまく使いこなしていない会社はいまも存在する。

昨今ニュースを賑わせたオリンパスや大王製紙などの問題は「帳簿が合っていればそれでよし」という、日本企業の体質が遠因にあったとも言えるだろう。

24

参謀は3年先を読み、3年後の成功をみなに約束する力を持たなければいけない

日本企業のトップマネジメントを見ていると、ひとつは遠大な計画や空想に浸る人と、もうひとつは日常業務のことまで細々と口を出す人と、二極分化していると思われる。

10年先15年先の未来は、どんなに優秀な頭脳を集めてみても予想することは難しい。たとえ正確に予想できたとしても企業を取り巻く環境が、当初の仮定から大きくずれていくものだ。つまり、いくら精緻な予想をしたところで、所詮は人間の「カン」と、そうは変わらない確度しか持たないのだ。

また、明日・明後日の短期的なことは、トップが口を挟むことなく、現場の指揮官に判断を任すべきだ。ところがトップの多くはミドルとの間に仕事の分担、やり方についてきちんと吟味された約束事を確立していない。二極化の原因はここにある。

このような状況を考えると、参謀としての頭脳グループが最も有効に力を発揮すべきは3年を中心とした前後1、2年の中期戦略だ。この期間こそ戦略の善し悪しによって業績が大きく左右される期間だからである。

25

自社通の人ほど本来やるべき仕事をしていない!?

マッキンゼー時代、極端に業績を悪化させた会社のトップから現場の従業員までを面談したことがある。そのとき驚いたのは、重役陣だけでなく、新入社員にいたるまでがトップ人事の動向や能力について、詳しく語ることができた点だ。

これを愛社精神の発露といえば微笑ましい限りだが、裏を返せば勤務時間中に、この種のディスカッションが頻繁に行われている証拠であり、これこそが問題だ。同じ時間をもっと建設的な仕事そのものの論議のために使うべきだった。

そこで私は直ちに中期事業戦略を作成し、全社員の各レベルに合わせて目標を与えた。マイナスにも作用しかねないこのような強い愛社精神だが、ひとたび建設的な目標が提示されれば、プラスに転じる。事実、私の忠告を実行したその会社は、危機を脱することができた。

このように中期計画というのは、働く者一人ひとりにモチベーションを与え、個々の力のベクトルをそろえて大きな力にしていく効果もある。これは数年後の計画実現を待たずして、即効的に表れる効果であるということも、戦略家ならば知っておいて損はない。

26

中期計画の戦略ステップ・1

実現可能な範囲で
目標値を設定する。
“絵に描いた餅”では、
永遠に絵に描いた餅のままだ

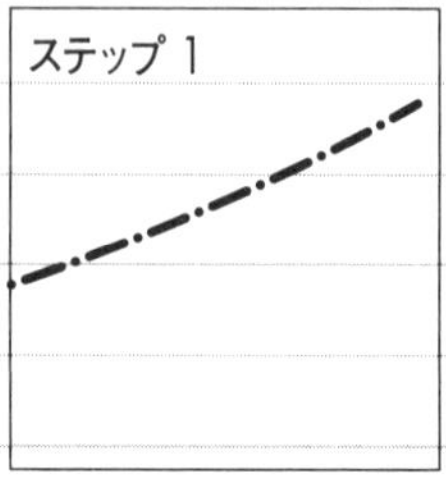

目標値の設定

中期計画の立案プロセスは、おおむね8つくらいのステップを踏むのがよいだろう。

第一のステップは「願望の設定」とその願望の「定量化」だ。最も重要なのは、願望を設定する際、現実離れした空想的な絵を描かないことだ。外的要因や客観的条件に照らし合わせて、実現可能な願望を設定しなければならない。

あなたが社長なら「わが社は5年後に売上高を倍にしたい」とか、「売り上げは伸ばさなくてもよいから、毎年1割5分配当できるようにしよう」。あるいは、「社員600人の胃袋を満たす仕事量を確保しよう」など、現実的な願望であると同時に、具体的な数字として表すとよい。

ビジネスパーソン個人についても同様だ。

自分の能力と勤務先を取り巻く状況を参照しながら、実現可能と思える3年先の自分がなりたい姿をイメージしてみるとよい。「ボーナスを現在の1.5倍にする」「資格を3種類取り、より条件のよい会社に転職する」といった願望と目標値を設定してみるのだ。不景気にあえぐ現代なら、「上位15%の成績をキープし、リストラの対象にならないようにする」といった戦略もありうるだろう。

願望とその目標値の設定なしに、論理的な中期計画を立てることは、ほとんど不可能に近い。

27

中期計画の戦略ステップ・2

もし何の対策もしないままなら、「どんな結果になるか」という基本ケースを確立してみる

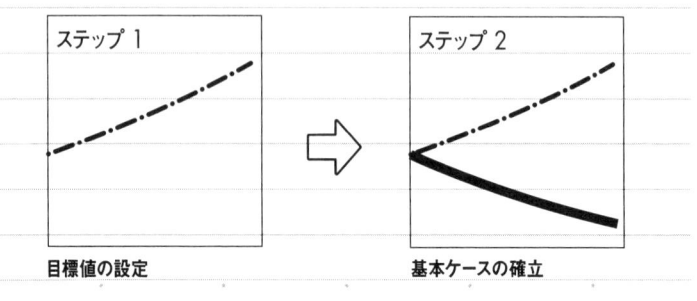

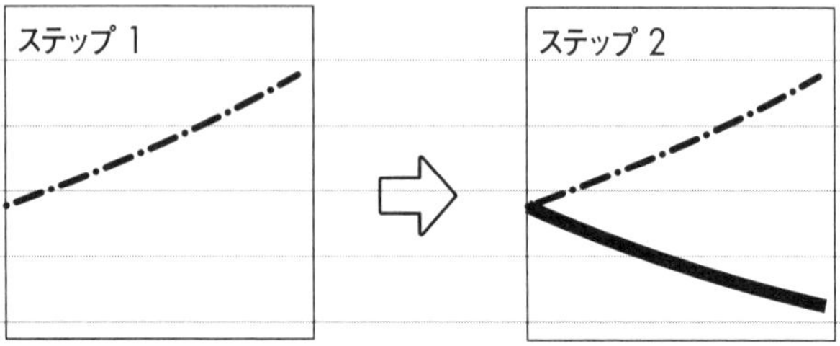

目標値の設定　　基本ケースの確立

現在、ある事業をあるがままにやった場合に、業績を測る尺度から見てどのようになるのか、というのが基本ケースだ。経営レベルの中期計画の場合、各製品市場の分析、コストの見通し、競合状態の見通しなどが、基本ケースを確立するために必要となる。

この作業を行うとき、いくつかの非常に重要な「仮定」を行うことになる。なぜなら、仮定の巧拙によって基本ケースの精度が左右されるだけではなく、基本ケースによって導き出される改善ケースの精度をも狂わせてしまうからである。

例えば、売上高の予想をするためには、最低でも市場サイズとシェアという2つの変数を仮定しなければならない。

ところが、市場サイズの予想を無条件に右肩上がりに設定したり、シェアが過去数年、漸減傾向にあるのに、現状横ばいという根拠のない仮定を入れたりするのは問題だ。

仮定を何ごとにもよらず明確化しておけばおくほど、刻々と変わる環境に対応して計画を見直しやすい。既存計画に織り込まれた仮定のうち、どれが影響を受けるかの分析が比較的容易になるからである。

個人レベルなら、目標なしにただ会社で時間を過ごしていった場合の3年後の自分を想像する。その場合、市場サイズは部署における仕事量を数値化したもの、例えば自分の売り上げから自分の人件費を引いた数字や、自分の部内におけるシェアを上司たちからの信任度と考え、同僚たちとの間での自分の序列といった具体的な尺度を想定するのだ。

28

中期計画の戦略ステップ・3

原価低減改善ケースを算定する

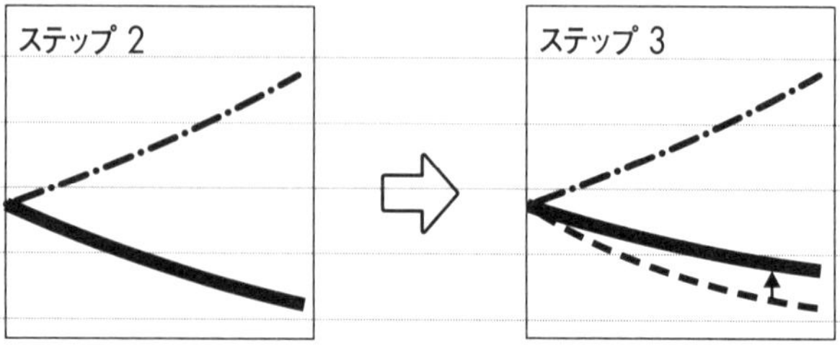

基本ケースの確立　　原価低減改善ケースの算定

私は経営者の真髄とは、「潮の流れ、成り行き任せ——と思われていた基本ケースから、どのくらいの経営努力によって変革できるかによって、測られる」と思っている。

そこで、戦略ステップ・3ではコスト、戦略ステップ・4では市場での変革を予想し、中期計画に盛り込むのだ。

まず、中期計画の戦略ステップ・3で考えるべき「コスト」については、成り行き任せだった基本ケースの原価から、一定のプロジェクトを持って努力した場合、達成されると予想される低減分を見込んでみる。

この作業から導き出されたコスト低減目標は基本ケースと区別して考えるべきである。また目標不達成のときは、早急な原因分析と対策を練ることができる手段が内蔵されていなければならない。さらには担当管理職の努力のぐあいも適正に評価する必要もある。

だが、コスト低減計画というものは、比較的ゴールがハッキリしている。担当管理職ごとに詳細な実行計画書を作成し、目標達成のために邁進させなければならない。達成されなかったとき、「残念でした」で済ませていては、計画の意義などまったくないのである。

29

中期計画の戦略ステップ・4

市場・販売改善ケースの算定

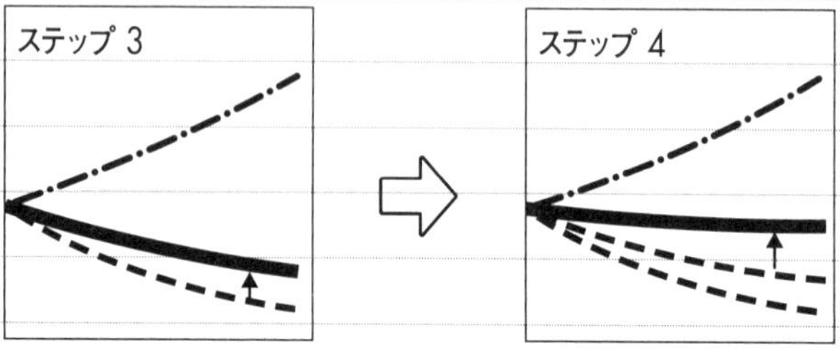

原価低減改善ケースの算定　　市場・販売改善ケースの算定

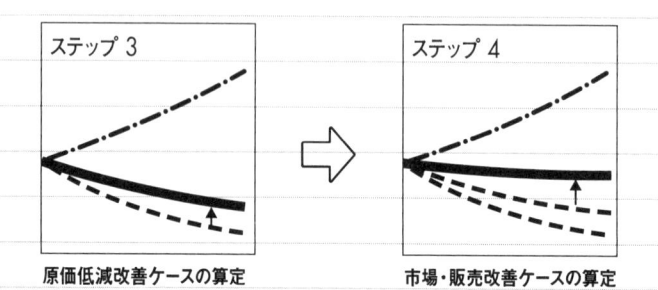

いくら原価を下げる努力をしても、販売面において、同じ個数を売っただけでは効果は知れている。利益というものはマージンと個数の積であるから、コストを下げると同時に販売個数を上げる努力が必要となる。現在の売り上げ個数を100、原価を80とした下の表を見てほしい。

● 原価を下げて、売り上げ個数を増やすと……

ステップ	売り上げ個数×(売り上げ−原価) =粗利益	改善幅
2 基本ケース	100×(100−80)=2000	0%
3 原価の低減(5%)	100×(100−76)=2400	20%
4 市場・販売改善のみ(10%)	110×(100−80)=2200	10%
4 原価低減+市場改善	110×(100−76)=3640	32%

このように、5%原価を減らし、1割ばかり売り上げ個数を増やすだけでも、粗利を32%増やすことができるのだ。

そしてできるビジネスパーソンなら、このような比較計算を瞬時にできるようにしておきたいものだ。

30

中期計画の戦略ステップ・5

戦略的ギャップの算定

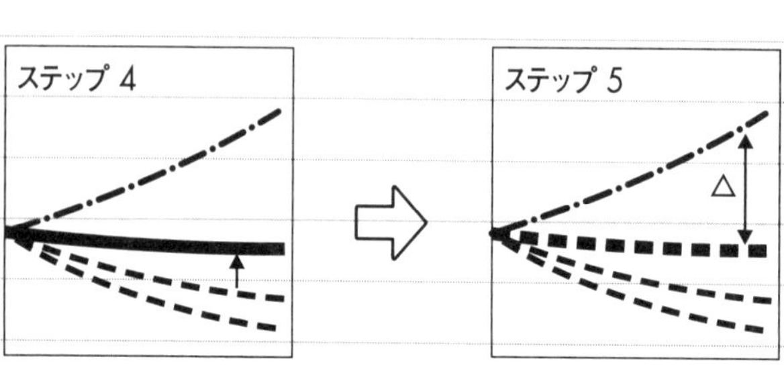

市場・販売改善ケースの算定　　戦略的ギャップの算定

ステップ・4まで終えて、ステップ・1での目標との差がすべて埋め尽くされていれば、経営陣は原価低減と販売努力をしていれば「お家安泰」だ。

しかし多くの場合、明瞭なギャップが存在するのが普通である。そしてこの差は、今ある事業を現陣営で可能な限りの努力をしたとしても埋まらないギャップであると言っても過言ではない。この、オペレーショナル（運営的）な努力の限界値と、目標値との差は「戦略的ギャップ」と呼ばれている。

要するに、ここから先必要となるのは「戦略」によってしか埋めることができないのだ。

これは個人レベルでも同様のことが言える。例えば、あなたの至上命題が「年収を倍にしたい」という場合、現状の延長線上に解がないとしたときは、従来のワク組から飛び出す行動である、転職などの解決策が必要となってくる。その策定が次の中期計画の戦略ステップ・6だ。

31

中期計画の戦略ステップ・6

戦略的代替案の摘出

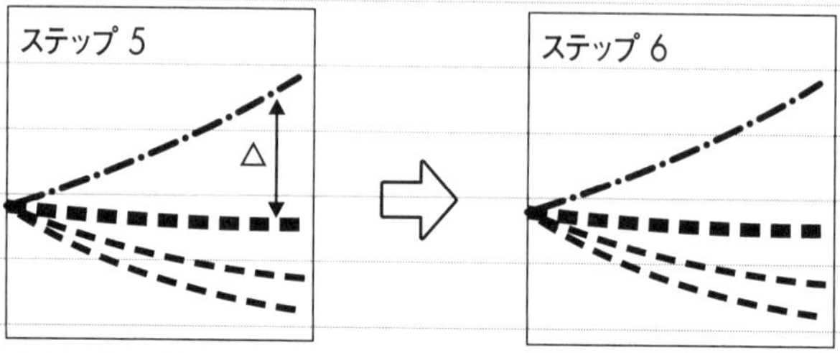

戦略的ギャップの算定　　　　戦略的代替案の摘出

現状の延長線上に解が見つけられない場合、従来のワク組の外に新しい解決策を求めなければならない。解は必ずしもひとつではなく、複数個の代替案が考えられるはずだ。

このプロセスは厳密な解析的アプローチである必要はない。ブレーン・ストーミングなどで得られたアイデアを建設的に集約していけばよい。

代替案として頻出するのは、大別すれば以下の7項目だ。

①新規事業への参入…多角化
②新市場への転出…海外市場など
③上方、下方または双方へのインテグレーション…垂直統合
④合併、吸収…製品群の拡充や経営力の強化目的
⑤業務提携…販売網の共有化、部品の共同購入、技術提携等
⑥事業分離…別会社を設立し、効率的に事業を経営する
⑦撤退、縮小、売却…事業の切り売りから退却まで全体のために部分を放棄する

このステップで難しいのは、ワクを狭く取ると抜本的戦略案が出てこないし、広く取ると高リスクの案や現実性に乏しい案ばかりになってしまう点である。

32

中期計画の戦略ステップ・7

代替案の評価・選定

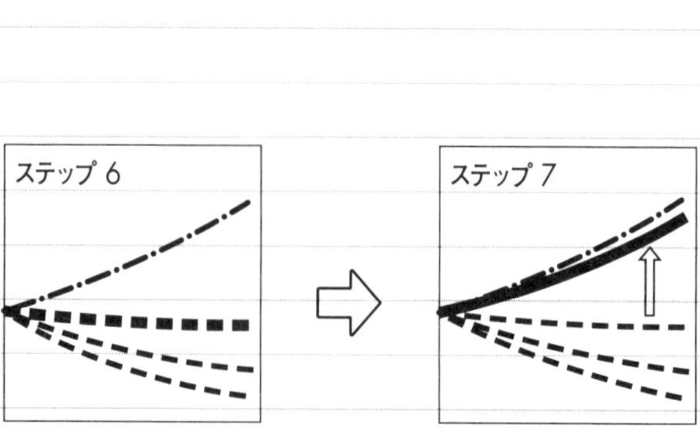

戦略的代替案の摘出　　代替案の評価・選定

ステップ・6で上がってきた代替案に定量的な評価を与えるのが、このステップである。

このとき、代替案の性格別に合わせた尺度が必要とされる。

例えば代替案がひとつの事業であったり、会社の合併吸収である場合には、投下資本に対する利益率や正味現在価値（注）を使うことで異なった案の比較がしやすくなるだろう。

また、設備投資であれば、元が取れるまでの期間を比較するために回収期間法やDFC（Discounted Cash Flow＝企業の価値を算出する際の考え方）と呼ばれる割引キャッシュ・フロー法などが使える。

これらの手法に習熟することは、参謀ならずともビジネスパーソンにはマイナスにはならないので、専門書などで、勉強しておくとよいだろう。

注：正味現在価値（NPV:Net Present Value）＝将来の現金流入の現在価値から、投資としての現金流出の現在価値を差し引いた正味の金額。これが＋であれば投資価値あり。

33

中期計画の戦略ステップ・8

中期経営戦略実行計画

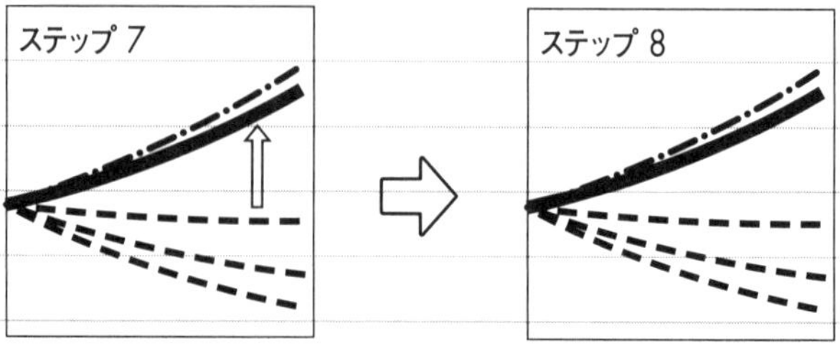

代替案の評価・選定　　　中期経営戦略実行計画

1～7までのステップによって、リスクが許容できる範囲で、しかも社是、社風にも合い、戦略的ギャップも埋まるいくつかの案が出てきたとする。後に残されたマネジメントの仕事は、これらの戦略を実行に移すための「詳細な計画書」を立案することである。

会社が大組織で融通性に欠けるほど、戦略を完全に消化して、ラインの作業命令書に落とし込むプロセスをしっかりとやっておく必要がある。

逆に若い会社で、まだあまり多角化していない場合には、トップの指導力で引っ張っていけることもあるだろう。

今まで述べた8つのステップは、どのステップにおいても「即効性」には重きを置いていない。時間軸は2年からせいぜい4、5年までである。特に真の原価低減計画の完遂には2年かかるのが普通である。効果がなかなか表れないからといって、方針をコロコロと変えるようでは意味がない。

ただし、実際の結果が出るのは先でも、従業員全体のベクトルをそろえて彼らのモチベーションを上げるという面では、即効性もある。続いて刊行される『企業参謀ノート・実践編』のほうでは、これらのステップで役に立ついくつかの思考ツールを紹介するので、そちらも参考にしてほしい。

第4章

企業の生き残り！
その“天国と地獄”を
分ける大事な要素

34

自社商品のどれを切り捨て、どれを伸ばすか?日々の業務にも活かせる製品系列ポートフォリオ管理とは?

1960年代にボストン・コンサルティング・グループが提唱した製品系列ポートフォリオ管理――いわゆるPPM法（Product Portfolio Management）――は、今日では世界中の企業で事業戦略立案のために取り入れられている。

PPM法の2番目のP、ポートフォリオ（Portfolio）とは、ルーズリーフなどをまとめて持ち歩く平らなケースというのが原義。これから転じて、株式債券類の一覧表や、閣僚の顔ぶれ、芸術家の代表作一覧などという意味もある。

だが、経営の現場でポートフォリオといえば「製品系列のポートフォリオ」のことを示し、「ある会社（または事業部）の持っている製品系列一覧」と考えればよい。そして「製品系列のポートフォリオ管理」というのは要するに、自社商品のラインナップのどれを切り捨て、どれを伸ばすか。あるいはどの商品に金をかけ、どの商品をコストダウンすべきかという企業戦略のための方法論と思って間違いない。

初期のPPM法では次ページに示したように4つの象限（ゾーン）を使った事業マトリックスによって、市場成長性とシェアから商品系列それぞれの戦略を導き出そうというものだった。

35

● 自社商品のどれを伸ばし、どれを切り捨てるか？

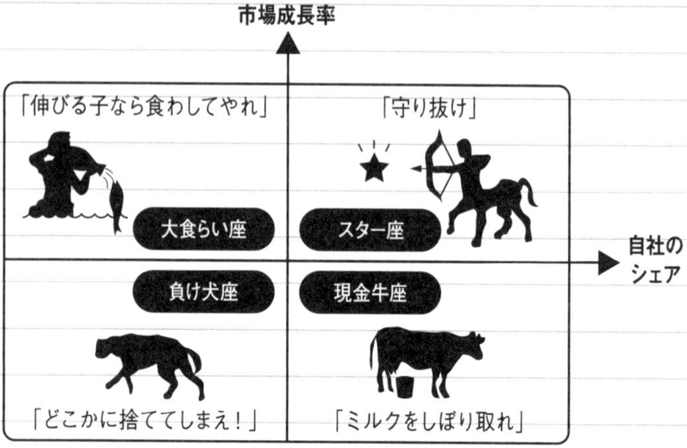

市場成長率
「伸びる子なら食わしてやれ」
「守り抜け」
大食らい座
スター座
自社のシェア
負け犬座
現金牛座
「どこかに捨ててしまえ！」
「ミルクをしぼり取れ」

当時のPPM法は、市場成長率を縦軸、自社のシェアを横軸にしたマトリックス図で、4つの象限（ゾーン）のどこに自社製品がマッピングされるかで、その製品に対しての戦略を決定しようという簡単なものだった。だが簡単なだけに、PPM法の概念を学ぶためには非常にいい例でもある。以下にその4つの象限にマッピングされた自社製品の戦略を紹介しよう。

【大食らい座】市場成長率大・自社のシェア小

ここにプロットされた製品群の問題点は、シェア拡大のために莫大な資金が必要になる点だ。そのために「伸びる子なら食わせ、伸びそうもなければ撤退する」という戦略が求められる。そこでシェアの拡大に成功すれば、次に解説するスター座の製品群に成長する。

【スター座】市場成長率大・自社のシェア大

今後も多くの収入を見込める製品だが、それだけに競合他社の目にも魅力的に映る。新規参入も多い激戦区となる。シェアを守り抜くためにはよりコストも必要となるので、売り上げが上がっても、意外に利益は見込めない。しかし、市場が成熟したときには、現金を生み出す「現金牛座」となるので、何が何でもシェアを死守することが必要となる。

【現金牛座】市場成長率小・自社のシェア大

市場の成長率が止まってきても、高いシェアをキープしている製品群こそ、金のなる木――キャッシュ・カウだ。過去に資金を十分にかけているので、設備投資もそれほど必要ではない上に、競合も撤退していることが多いので、ここでのミッションは「いかに金をかけずに利益をしぼり取っていくか」になる。

【負け犬座】市場成長率小・自社のシェア小

決してコストをかけてはいけないのがこのゾーン。製品ラインの売却も検討すべし。ただし自社にとっては負け犬的存在でも、他社にとっては自社シェアを確固たるものとする、買収によって現金牛座にすることができるケースがあるので、競合に売却するという選択肢もあり得る。

以上がボストン・コンサルティング・グループの優秀な戦略的思考家が案出した「自動戦略製造装置」の概要だ。大いに紋切り型の戦略が導き出されるが、思考のひとつのステップとして利用する限りにおいては有用だ。

また、営業マンが自分の営業戦略を策定する場合などにも応用ができる。右ページの図のように市場成長率を期待される売上高、自社シェアを顧客から見た自社製品の魅力度、そして企業における資金やコストを自分の労力として考えれば、どの顧客が死守すべきスター座で、どの顧客が無視してかまわない負け犬座かがハッキリとわかる。代入の仕方しだいでいろいろなケースに活用できる思考法なのだ。また、日常業務のレベルでは4つの象徴的な項目は紋切り型な分、わかりやすいのも長所となる。

しかし、実際の企業活動では、なかなかこの4つの象限に万人に異議なくプロットできないことが明瞭になってきた。そこでGEとマッキンゼーによって、4つではなく9つの象限の事業マトリックス図が生み出されたのだ。122ページから、その手法の解説をしていこう。

● 営業マンが4象限マトリックスを利用した例

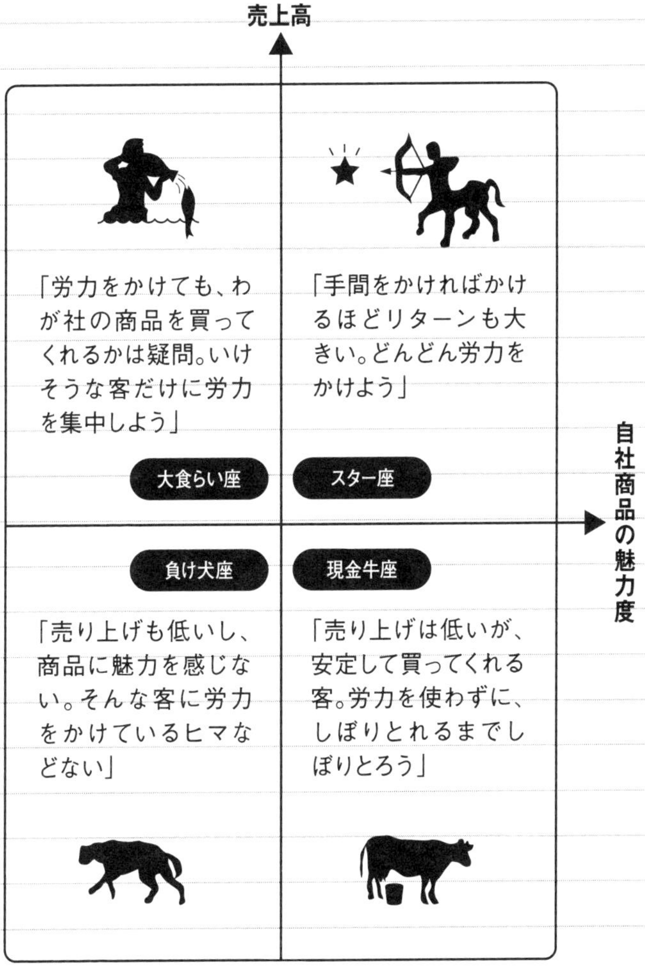
売上高
「労力をかけても、わが社の商品を買ってくれるかは疑問。いけそうな客だけに労力を集中しよう」
「手間をかければかけるほどリターンも大きい。どんどん労力をかけよう」
大食らい座
スター座
自社商品の魅力度
負け犬座
現金牛座
「売り上げも低いし、商品に魅力を感じない。そんな客に労力をかけているヒマなどない」
「売り上げは低いが、安定して買ってくれる客。労力を使わずに、しぼりとれるまでしぼりとろう」

36

● 9象限マトリックス（各製品ごとの9つの指針）を使った事業平面と標準戦略の一例（この表については右のページで解説）

業種の魅力度 ＼ 自社の強さ	小	中	大
大	選択成長投資	成長投資 リスク甘受	優位死守 規模メリット
中	選択投資 選択撤退	現況即応	利益最大 リスク最小
小	撤退または 損失最小	選択的収穫 リスク排除	収入最大 コスト最小 リスク最小

•9象限事業マトリックスを使った製品系列別戦略の策定法

4つの象限(ゾーン)によるマトリックス図を、マッキンゼー社が進化させたのが、左に紹介する9つの標準戦略を導き出す9象限マトリックスだ。

もちろん、このマトリックスの座標点に「標準戦略」とも呼ぶべき、各製品ごとの指針を杓子定規に当てはめていけばよいというわけではない。だが、これらの「標準戦略」は汎用化される程度には傍証されており、実際に日本において私が接触できたデータでは、ごく一部の特殊なケース以外は、ほぼこの関係が成り立っていた。企業のトップの思考過程を厳格なプロセスを用いて補助するという意味においては、この9象限マトリックスはかなり有効な戦略策定法であると言えるはずだ。

先のページで解説したマトリックス図との違いは単に象限が4つから9つに増えただけではない。市場成長率と自社のシェアだった座標軸を「業種の魅力度」と「自社の強さ」に変えているのだ。言葉を換えれば「外的要因」と「内的要因」を変数として、より総合的に製品群を分析し、標準戦略を得ることができるように進化させている。

37

業種の魅力度と自社の強さを
把握することで
企業戦略が決まってくる!

各製品ごとの9つの指針を書き込んだ事業マトリックス（122ページ参照）において座標軸に置いた「業種の魅力度」と「自社の強さ」について、簡単に解説しておこう。

縦軸に置いた「業種の魅力度」は、会社が自由に操作できない外的変数としての業界の健全性を定量化したものだ。大きく分けて4つの外的変数を勘案して総合判断される。ただし、どの要素を重く見るかは会社自身で決めなくてはならない。

①業種を取り巻く環境――社会的・環境学的／法的・政治的／組合／業界の結束度etc.

②収益性――業界1位の収益性／業界1位の傾向／カギとなる変数の変化（例えば規模なのか価格なのか）etc.

③競合状態――寡占度／生産能力／新規参入の難易／垂直統合／価格弾性値／サービス弾性値etc.

④市場――サイズ／成長率／安定度／細分化度etc.

横軸の「自社の強さ」は、与えられた業種における会社が持つ優位性や潜在能力だ。会社の努力次第で変えられる内的変数である。次の5つを定量化して会社の強さ・弱さを判断する。

⑤競争力――シェアetc.

⑥収益力――限界利益／キャッシュ・フロー／ROCE etc.

⑦資源力――人材力／原料確保／下請納入業者統率・管理力etc.

⑧技術力――特許・独自技術／工法・工程／品質・デザインetc.

⑨販売力――のれん／固定顧客／宣伝力／販売統率力etc.

38

低成長時代にこそ、製品の選別やコスト管理が成功のカギになる!

製品系列ポートフォリオ管理（PPM法）が発生し、欧米で広く受け入れられていった1960年代後半から70年代前半の背景には次の4つの状況があった。

①経済成長が緩やかになり、事業を無制限に多角化させること

が収益性の上で不可能になった

②どの仕様でも限られた成長下で厳しい競争にさらされていたので、業績の悪い製品を抜本的に立て直すことが極めて困難であった

③人件費が高く、かつ資金流動性が悪いために、資源(特に人と金)の有効活用が企業の優劣を左右した

④このような低成長の環境下において、企業のトップが、最も効率がよい、かつリスクの少ない戦略を展開するため、多様化した事業を統一的に見ることができる道具がぜひとも必要であった

一方、当時の日本では、このPPM法的な思考はまったく普及しなかった。最大の原因は銀行の資金垂れ流し(オーバー・ローン)にあったと思う。「遠い将来に明るい光が見える」と説明すれば、本来厳しい拘束条件となるキャッシュ・フローの部分がフリーパスになったのだ。この傾向が多かれ少なかれバブル崩壊まで存在したことが、日本においてPPM法が一般化することを阻害したのだろう。

もともと私がPPM法を提唱したのは、「戦略を策定するには、外部環境(業種の魅力度)と内部環境(市場における自社の強さ)を同時に考えなければならない」というメッセージであった。低成長にあえぐ現代、生き残るための戦略を案出するためには、こういう思考法をもっと活用すべきであろう。

39

躍進する富士フイルムと
沈みゆくコダック……。
天国と地獄を分けるのは
戦略の巧拙の差だ

外的変数と内的変数。つまり業種の魅力度と自社の強さを把握することは、事業戦略を策定する上で不可欠であることはわかってもらえたと思う。そして、この魅力と強さをどのように設定するかは、その企業の個性をかたちづくるだけでなく、その企業の命運さえ左右する。

例えば最近、経営破綻したコダックなどは、2006年にはデジカメで世界3位のシェアを誇っていた。4象限マトリックスなら「スター座」、9象限マトリックスなら「成長投資・リスク甘受」か「優位死守・規模メリット」にマッピングされる事業だと言ってよいだろう。

要するに、コダックにとってのデジカメは「金をかけてもいいから、シェアを死守すべき事業」であったのだ。もちろん140年に及ぶ写真用品メーカーとしてののれん（ブランド）からも、デジカメ市場において優位を保つ意味はあったはずだ。

しかし、コダックは、その優位を守れずに破綻の道を辿った。ところがデジカメ事業以外のフィルム周辺事業でもライバルである富士フイルムは好調である。デジタルカメラに限ってみても大昔のレンジファインダーカメラのようなクラシカルな外見に最新機能を盛り込んだハイアマチュア向けのカメラを市場に投入し、人気を得ている。

ファイナンス面から言えば、株主が強く配当を要求するアメリカの企業と違って富士フイルムはアナログ写真産業が壊滅的な打撃を受け始めた時点で2兆円のキャッシュを保有していたこと、そしてかつては売り上げの6割弱を占めていたイメージング・ソリューション部門を2割に減少させ、ドキュメント・ソリューション部門を4割にしたことが勝因だろう。

資金に恵まれ、そのうえ、ゼロックスを買収していたという運もあるが、それも含めて経営戦略の差だと言えるだろう。

5000人規模のリストラや将来、足を引っ張るであろうミニラボからの撤退、M&Aによる医療、医薬品、化粧品分野への多角化など、フィルムという製品の突然死を予測し、戦略を立て、その戦略を実行したからこそ富士フイルムは生き延びたのだ。

一方、コダックは今後、デジタルカメラ、デジタルビデオカメラ、ピクチャーフレームなどの事業から撤退し、他のカメラメーカーにブランドをライセンス供与する方針らしい。そしてデスクトッププリンター事業を中心に展開していこうと考えているようだ。

しかし、ペーパーレス化が進み、マイクロソフトの『オフィス』も売れなくなってきた現在において、プリンターはそれこそ「負け犬座」の住人になりかねない事業ではないだろうか。

コダックの凋落は、事業マトリックスを作成する上で、外的変数と内的変数をどのように設定するかがいかに大切であるかを示唆している。日々激変するデジタル時代の価値観において何に重きを置くか、そして、自社のリソースを鑑みて強みはどこにあるのか、何を強みに変えていく必要があるのかを冷静に判断しないと、出てきた戦略が「まったく使えない」ものになりかねないのである。

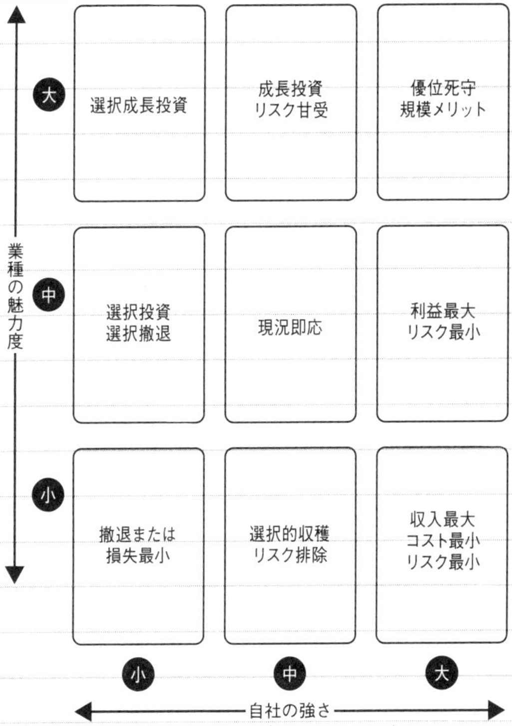
業種の魅力度
大
中
小
選択成長投資
成長投資
リスク甘受
優位死守
規模メリット
選択投資
選択撤退
現況即応
利益最大
リスク最小
撤退または
損失最小
選択的収穫
リスク排除
収入最大
コスト最小
リスク最小
小
中
大
自社の強さ

40

会社が切り捨てたかった事業が他社でも“不採算部門”になるとは限らないのだ!

製品事業を9象限マトリックスにマッピングしていったら、半数近くの製品が左下の「撤退・または損失最小」の象限に入ってしまった——もしあなたが、そんな企業の経営者だとしたらどんな手を打つだろうか。

古い話だがGEがコンピュータ事業をハネウェルに売却したときを例にとろう。

当時GEは原子力、ジェットエンジン、放送用機器、コンピュータのすべての成長を保証するキャッシュ・フローがないという結論から後二者を切り、前二者に注力するという戦略をとった。

一方、コンピュータ会社であったハネウェルはコンピュータで生きて行かざるを得ない企業であったために、GEのコンピュータ部門を吸収することは、シェア拡大のためにはメリットがあったのだ。このように、同じ製品や事業でも、会社が変わるとマトリックス図にマッピングされる場所が変わってくる。つまりPPM法（製品系列ポートフォリオ管理）で重視されるのは「バランス」「つり合い」なのだ。

「その製品の組み合わせで、この会社の将来のキャッシュ・フローは大丈夫なのか？」「わが社でやっている24の製品のうち、3つは赤字だ。その3つすべてを黒字にする自信はないが、1つに絞れば必ず黒字にしてみせる」といった状況で最良の選択をするために、PPM法は非常に有効なのである。『企業参謀ノート・実践編』においても、改めて解説するので、そちらも一読ねがいたい。

第5章

「成功のカギ」を素早く見つけ出す方法

41

参謀たる者は「イフ」という言葉に対する本能的な恐れを捨てなさい

極論を承知で言わせていただければ、孫正義氏をはじめ日本ではIT業界から多くの戦略的経営者が出てくるのは、コンピュータのプログラミングという行為が身近に存在するからではないだろうか。

プログラミングというのは「もし～ならば、～する」「もし～でなければ、～する」という条件分岐の連続だからである。たまに変数が予想外の値になることもある。バグの原因になりかねないから、そういう場合に備えて周到なセイフティネットも用意しなければならない。プログラミングとは、あらゆる可能性に対して考え尽くす習慣が身につく作業なのである。まさに戦略的思考力を養うためには恰好の訓練なのだ。

ところが先にも述べたように、日本人には「What's if ～？」という思考法が抜けている。しかし真に自由な戦略的思考をする参謀なら、自ら選択することができる代替案が何であるかを常に理解し、それらの間の損得勘定を怠ってはいけない。だが、絶えず変化する状況に応じて柔軟に対応するためには「What's if ～？」を考えずに代替案を探ることはまず不可能だろう。

だからこそ、参謀たる者は「What's if ～？」を恐れてはならない。確かに日本人には言霊信仰に基づく「What's if ～？」について考えることをためらうメンタリティがある。しかしそれは代替案を常に吟味しておくことを武器とする戦略的思考家とは対極のものではないだろうか。

そして「What's if ～？」に思いを巡らすことを怠ることは、震災による原発事故のように、大きな悲劇や損失を生み出す原因となることを忘れてはならない。

42

参謀となるためには「完全主義」を捨てた完全主義者を目指しなさい!

社長に対して、「こうしなさい」という結論を言えるような企業参謀たる能力を持ちたいならば、すべからく完全主義を捨てるべきだ。完璧を目指すことは正しいようだが、これは間違っている。完璧を追い求めると、人は絶好のタイミングを逃し、決断を下す勇気を削ぐことが大だからだ。

しかし、私は完全主義を捨てたら、今度は再び完全かつ徹底した仕事をするように勧める。つまり、「一度決定した戦略に対しては、完璧に遂行せよ！」と言いたいのだ。

物事には、その結果に影響を与える主要因と言うべきものが、必ずいくつか存在する。これらをうまく管理・応用すれば戦略が成功するという要因だ。

戦略的思考家の間では、この要因をKFS（Key Factor for Success＝成功のカギ）と呼んでいる。このKFSがわかっていれば、全面戦争に持ち込まずに効率よく闘うことができる。

だからこそ参謀は、自己の役職、業種、業務におけるKFSが何であるか見極め、KFSに対する限定戦争に、徹底的に挑まなくてはならない。そして、必ず勝利を収めねばならない。そのためには、改めて完全主義者になる必要があるのだ。

43

KFS=Key Factor for Success

成功のカギへの
徹底的な追求が、
結果を出す参謀になるための
必要条件である

勝負に勝つために、「ココはハズしてはならない」というキーポイントがある。それがKFSだ。一般人は勝負がついた後、KFSが何であったかを知る。

しかし、いやしくもあなたが企業人として、勝負にこだわる戦略的思考家であらんとするならば、あらかじめKFSが何であるかを見つけなくてはならない。

このKFSは、業務だけでなく企業規模や市場の状況でも変動する。例えば、ひと昔前の携帯電話業界では、契約者数こそがKFSであった。通話エリアの拡大も、電話本体をタダにする戦略も、契約者数を獲得することが目的だった。それが成功のカギ（KFS）であったからだ。

その後、メールやインターネット機能、デザインがKFSになり、さらにはiPhoneを使えるか、スマートフォンが使えるかといったこともKFSとなってきた。

戦略家は、刻々と変わるKFSについて、敵対する企業よりも早く“見込み”を立て、かつ、そのKFSにおける優位性を確保することに血道を上げなくてはならないのだ。

43

● KFSは状況で変化する（携帯電話のケース）

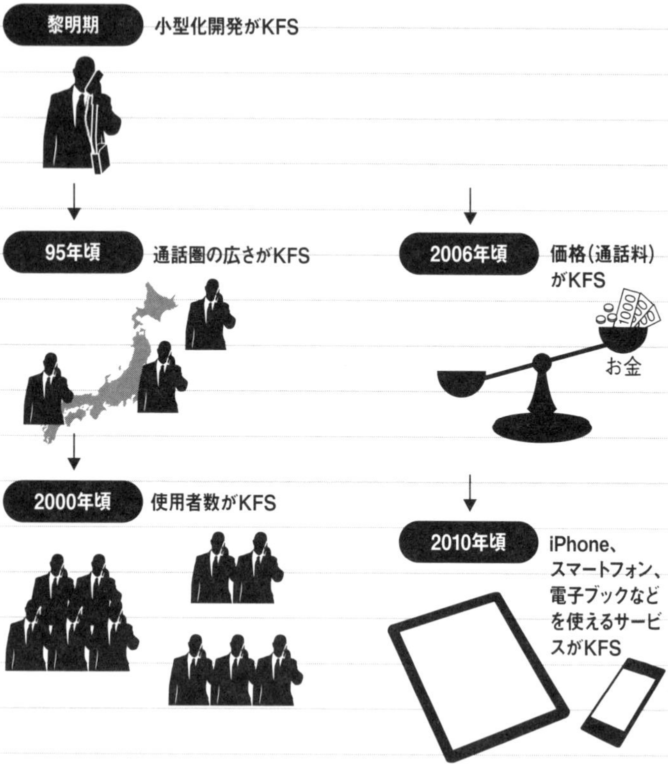

黎明期
小型化開発がKFS
95年頃
通話圏の広さがKFS
2000年頃
使用者数がKFS
2006年頃
価格（通話料）がKFS
1000
お金
2010年頃
iPhone、スマートフォン、電子ブックなどを使えるサービスがKFS

大前's Check!

ひとつの事業でもKFSは時代によって、刻々と変わることを心に留めなさい。上記の携帯電話は、まさにその好例だ

企業が生き残っていくには、伸びているマーケットに出て行くしか手はないんだ。

だから私は経営者にこう聞く。

「おたくの会社はね、明日からトルコやインドネシアに何人、行けるんだ」と。

そこで答えに躊躇しているようじゃダメだね。

44

ドラッカーのように、
常にKFSを引き出す
思考パターンを持ちなさい

昔の話だが、サンフランシスコのホテルで開かれたドラッカーの講演会を聞いたとき、とても感心したことを私は昨日のことのように憶えている。

その日も、彼は人を煙に巻くような難しい話を2時間も長々としゃべっていたのだが、終わってみると神託のような表現でKFSについて語っていたことに気がついたのだ。

例えば、「世界の製紙業者ほど、たるんでいる奴らはいない。彼らは2000年も前から何ら技術革新なしにきている。いまだに木材から取り出し得るセルロース（＝パルプ）の70%を水に流してしまっている」などと、前後のつながりもなしにしゃべっていたのだ。

しかし、よくよく考えてみるとドラッカーは、「木材の持つセルロースをより有効に取り出すこと」がKFS＝成功のカギであると捉えているのだ。製紙会社の成功のカギは何であるか、何をするべきかを、非常に焦点が合わせやすい形で表現していることに驚くのだ。

ウィーン生まれのドラッカーが言葉のハンデを克服し、アメリカであれだけの成功を収めたのは、常に「管理者の役割とは何か？」「公共機関のサービスが悪いのは必然なのか？」「なぜ製紙会社の収益性が伝統的に悪いのか？」といった設問を自らに課していたからではなかったか。

そしてその設問に対する仮説を立て、それを立証または反証を繰り返すことで、KFSを必然的に引き出せるような思考のクセがついていたのだと私は思う。

拡散したまま思考を重ねても、決して他人の知り得なかった領域まで思索を深めることはできない。しかし、設問の仕方と仮説を立てて立証・反証を繰り返すことで、問題の核心に素早く掘り進むことができるのだ。

● ドラッカーの製紙業界への提言

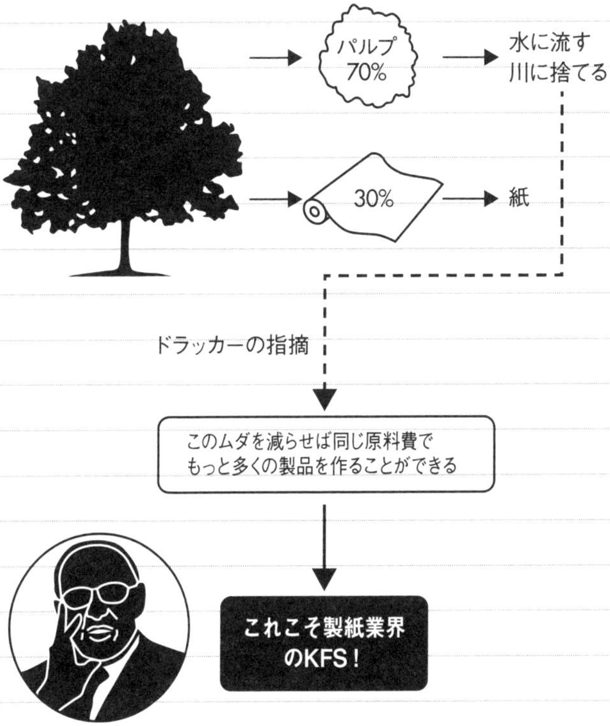
パルプ
70%
水に流す
川に捨てる
30%
紙
ドラッカーの指摘
このムダを減らせば同じ原料費で
もっと多くの製品を作ることができる
これこそ製紙業界
のKFS！

大前's
Check!

**KFSを見抜く力を養えば、どんな事業でもすぐに「儲けどころ」がわかる。
この力は参謀の重要な能力のひとつだ**

45

KFS＝成功のカギを押さえれば、俯瞰的な戦略が展開できるようになる

アメリカを旅行中、全米五指に入る材木会社の重役と席を隣り合わせたことがある。

まだ若かった私は、長旅の間に少しでも賢くなってやろうと思い、「あなたの会社がやっている材木業のKFSは何ですか？」と聞いてみた。すると彼は1秒の間も置かず、「それは広大な森林を所有することと、所有した森林から最大限の収穫を得ることです」と答えた。

前者は森林の買収を意味することがわかるが、後者については具体的に説明してもらう必要があった。そこで私は、「与えられた面積の森林から最大の収穫を得るというのは、どのような変数をコントロールするのですか？」という質問に切り替えた。すると彼は、

「そのためには、樹木の成長を早めることです。樹木の成長は通常2つの要因、すなわち日照量と水の量で決まるのです。わが社の所有する森林のうち、この2つの量が適量となっているところは少ない。

例えばユタ、アリゾナといった州では余るほど日照量があるのに、水が足りなくて樹木の成長が遅い。ここで水を十分に与えた場合には、普通30年かかったものが、その半分以下で済むようになるのです。これが今、我々の会社における最大関心事のプロジェクトで、今真剣に取り組んでいるところです」

と即座に答えてくれた。

45

そこで私は、「では反対にその逆の条件、つまり十分な水量がありながら、日照量の少ないコロンビア川下流域では、化学薬品による樹木の成長助長や、少ない日光で育つ樹木の選定がカギとなるわけですね」と切り返すことができた。

驚くべきは、たったこれだけの会話で、2人の間に総括的な話のワク組が出来上がったことだ。

あとはそれぞれのケースの批評を彼から引き出すことができた。私も大いに勉強になったが、別れ際に彼が、「自分はいつもこうしたことを経験によって整理してきたが、あなたと話していたおかげで、全体の見通しが急によくなった気がする。本当にありがとう！」と逆に感謝してくれた。

このようにKFSを見つけ出し、それを共有することは業務全体を俯瞰して見渡す手助けにもなる。

● 材木業のKFS(成功のカギ)を考えてみると……

日照	水	KFS
大	小	大量の水分を 供給可能なシステム開発
小	大	化学薬品による成長促進 日光が少なくても育つ 樹木開発

⬆会議などによってKFSを見つけ出す場合、お互いの意見や考え方を環境や条件によって分類し、限定されたケースごとに最良の方法を議論するとよい。前提があいまいなまま話し合うと、なかなか意見が合わなくなってしまう

46

成功のカギ(KFS)を見つけ出すためには一度自分の仕事の流れを企業活動のステップに分けて考えてみる

KFS＝成功のカギを見つけるということは、たとえ不利な戦いでも「負けないためには、何ができるか」を探し出すことができうるということである。

その好例が、宮本武蔵の「一乗寺の決闘」の話だ。

二刀流の使い手として名高い武蔵ほどの剣術のスキルを用いれば、1対1の勝負に絶対勝つことができる——それならば、たとえ敵が100人いても、1対1の勝負しかできない狭い道に相手を誘い込めば勝利できる。敵が数を頼って攻撃してきても、実質的には1対1の勝負に100回勝てばいいという戦略が立つ。この場合、宮本武蔵のKFSは「1対1ならば絶対勝つ」という戦略だ。

企業もこの宮本武蔵と同じで、たとえ競合相手が巨大でも、KFSを見誤らない経営をすれば活路を見出すことができるだろう。ところが、1つの企業が営む事業のKFSを考える場合、カギは必ずしも、その企業が直接的に手を下している部分にあるとは限らないのだ。KFSを探そうとするときはむしろ、原材料からサービスまですべての要素を垂直に一貫して考える必要がある。

一般に事業を担当している当事者というものは、自分の事業要素のすべてが複雑に頭の中で錯綜し、自分の事業をステップで考えることさえできないようになりがちだ。

ところがどんな複雑な事業にも1つの流れがあり、比較的簡単なステップに分けることができる。

46

以下に原料確保からサービスまで、企業活動のステップと、そのステップにKFSが存在する可能性が高い事業の例を挙げてみた。すべての事業に当てはまる一貫したステップとは言えないかもしれないが、垂直的に事業を見るという具体的な指針にはなるはずである。

【企業活動のステップ】

上流

- 原料確保
- 生産設備
- 設計
- 生産技術・技術特許
- 品揃え
- 販売力・販売網
- サービス

↓

下流

次項から、そのステップに沿って、例に挙げた事業ごとのKFSについて簡単に説明しようと思う。

● 一乗寺の決闘、宮本武蔵の勝利のKFSとは？

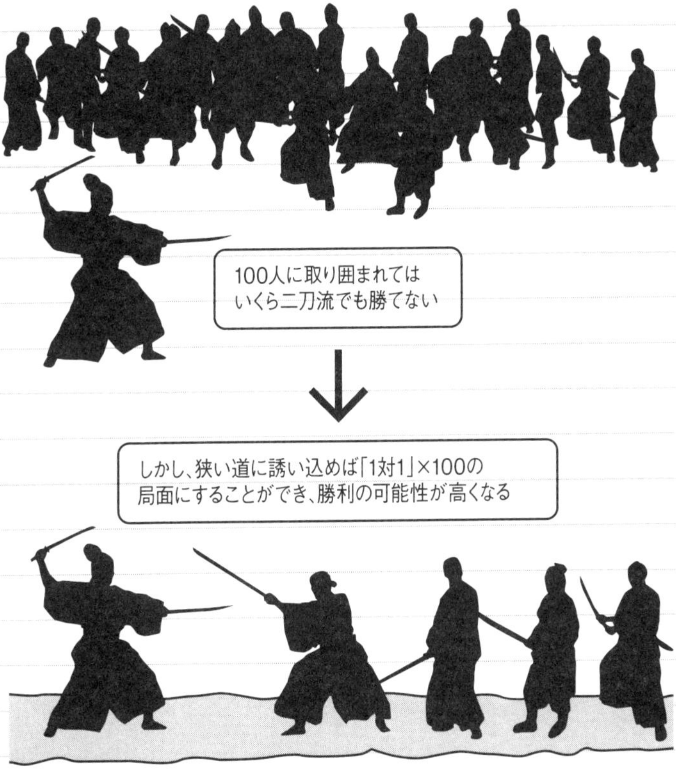
100人に取り囲まれては
いくら二刀流でも勝てない
しかし、狭い道に誘い込めば「1対1」×100の
局面にすることができ、勝利の可能性が高くなる

大前's
Check!

どんなに不利な状況でも、勝ち目を見つけるのが参謀の醍醐味。自己の強みを常に垂直的に見る訓練をしておこう！

47

＜原料確保がKFSのケース＞

レアメタルやコーヒー。
原料を確保すれば、
その業界における
収益性やシェアが
決まってしまう事業とは?

原料確保がKFS＝成功のカギとなる事業の例として、私の頭に真っ先に上がるのはコーヒー豆である。

世界中で良質なコーヒーの成熟に適した土地は、ブラジルなどごく少数の地域に限られている。コーヒー豆の生育の効率は土壌と日照量などによって一義的に決まってしまうから、どの地域のコーヒーをどれだけ押さえているかによって、収益性に大きな差が出る。言い換えれば原料を確保してしまえば、その業界における収益性が決まってしまう。この点がこの事業の特徴だ。

同じことは石油にも言えるが、コーヒーとの違いは石油の採掘権は収益性よりもシェアにとって決定的な働きをする点。石油の場合、収益は中間にどんな段階を経るかで決まるから、原料確保イコール収益性とはならない。

石油メジャーの寡占化を崩し難いのは、彼らの利権の寡占化が進んでしまったからであって、末端のガソリンスタンドの数から決まっているわけではないから、この場合、KFSが採掘権にあると言える。

また石炭やウラン、レアメタル類のように、鉱床の質が収益性を左右するケースも原料確保にKFSがあると言える。

48

＜生産設備がKFSのケース＞

大容量設備を持つ者が

シェアも収益性も享受する。

ただし不景気時は

その大きな身体が

災いとなる危険性も……

生産設備がKFS＝成功のカギとなり得る業種の代表は、造船業や鉄鋼業である。いわゆる「規模の経済（EOS＝Economies Of Scale)」の支配する産業だ。これらの産業は適正規模（通常は大容量設備）を握った者が、シェアも収益性も同時に享受することができる。

半面、需要がなくなった市場にこうした産業が突入してしまうと、EOSを握った者ほど、傷も深くなってしまう。この種の産業のリスクは景気の変動に支配されるので、必ずしも好況時における高シェアと高収益性が、その企業にとって良いかどうかの判定は難しい。

しかし、売り手市場におけるKFSは少なくとも生産設備にあるということだけは間違いない。

同様な産業は養鶏業や養豚業、それに半導体製造業などが数えられるかもしれない。これらの産業は、過剰供給による価格の暴落というリスクを内在しているという点において似ている。

49

＜設計がKFSのケース＞

フェラーリは

営業マンが売っているのではない！

つまり、優秀な設計者や

デザイナーが

KFSとなり得る事業には

いくらセールスマンを投入し、

広告宣伝費を費やしても

シェアや収益性は改善しない

設計段階にKFS＝成功のカギがある産業として好例となるのは、航空機産業である。航空機のエンジニア群を養成するのは大変なことだが、一度育ってしまえば極めて強力な武器となる。古くはフォッカー、デハビランド、メッサーシュミットなど、飛行機と言えば設計者の名前が冠せられていたのだから、出来上がりの飛行機のクォリティ＝設計者のクオリティであるのは当然のことである。

ボーイング社とシェアを争っているエアバス社も、1972年に初飛行したA300ではまったくボーイングに太刀打ちできなかった。しかし、1988年初就航のA320では、設計者たちの技術力も上がり、2007年に初就航した2階建て4発機A380が市場に登場するに至って、エアバス社はボーイング社と抜きつ抜かれつのシェア争いを演じるまでになった。40年にわたる設計士たちの技術の蓄積こそが、エアバス社のKFSであったはずだ。

航空機というのは営業や広告をいくらしたところで、結局のところ製品の品質や信頼性がないと売れはしない。また旅客会社の整備や取り回しの利便性、ランニングコストがセールスポイントになるが、それも設計の力量に左右される要素である。つまり良い設計なしに競争力のある製品が作れないという点において、設計がKFSとなる事業なのだ。

同様にカメラなどの光学機器や高級音響機器、高級時計なども

49

デザインも含めた設計側の力量がKFSとなり得る事業だろう。

これらはユーザーの購入時の意思決定に、設計力が重要な影響を与える商品だからだ。

フェラーリなどの超高級車にもこのことが言えるだろう。これらの商品にはセールスマンや広告宣伝費など無用なのだ。なぜなら品質や性能が何よりのセールストークであり、広告宣伝であるからだ。これが普通の国産車だったら、大きな宣伝や多くのセールスマンが必要となるだろう。

また基礎研究がKFSになる業種も、この範疇に入れてもよいだろう。医家向け医薬品や医療機器、ロボット産業などは、航空機などと同様、製品化までの過程が成否を決めてしまう業種だからである。ひとたび優秀な設計グループが形成されれば、次々にヒット商品を送り出すことができるのが、この分野の産業群だ。

● 中・大型機旅客機における受注シェアの推移

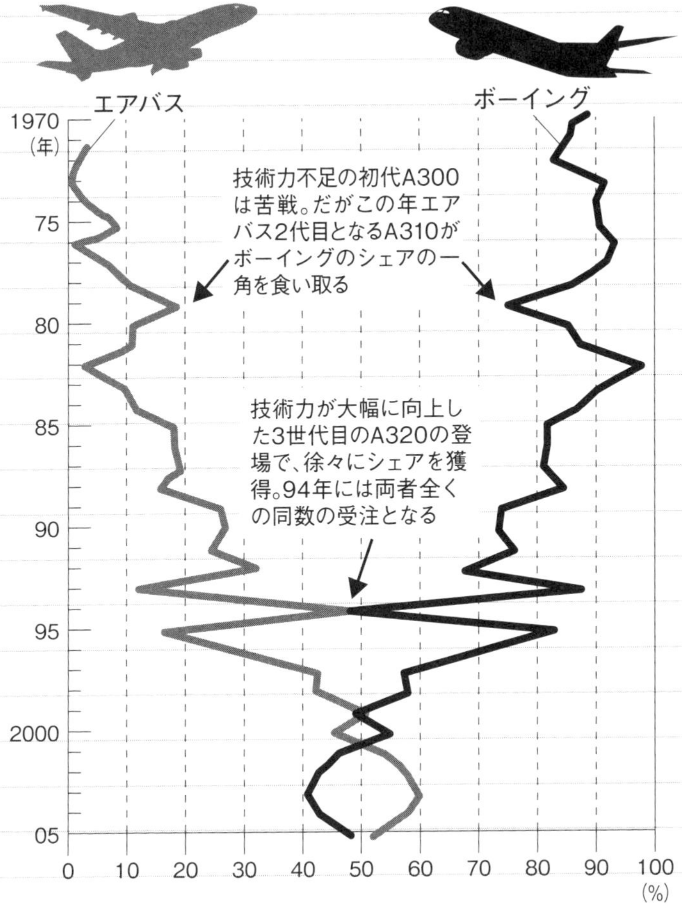
エアバス
ボーイング
1970
(年)
75
80
85
90
95
2000
05
0
10
20
30
40
50
60
70
80
90
100
(%)
技術力不足の初代A300は苦戦。だがこの年エアバス2代目となるA310がボーイングのシェアの一角を食い取る
技術力が大幅に向上した3世代目のA320の登場で、徐々にシェアを獲得。94年には両者全くの同数の受注となる

出所：財団法人 日本航空開発協会「航空機材の推移と現状」

50

＜生産技術・技術特許がKFSのケース＞

KFSを見誤った
日本の半導体産業

かつてLSI（高集積回路）事業のKFSは生産技術にあった。設計技術が多少未熟でも、生産技術（主としてプロセスタイムと歩留まり）が高ければ、プライスリーダーによる価格政策にも対応できるから、結果的にシェアリーダーになってしまうという構造だ。要するに、大差ない性能の製品で、市場価格が同程度なら、製造コストが少ないほど収益性が大きくなるということだ。近年この業界で日本が苦戦しているのは、生産技術の差を、労賃の安い国々に人件費で埋められてしまっていることも一因だが、それもこれも元はといえば、KFSである生産技術のノウハウを海外流出させてしまったからである。

日本の半導体産業にとって痛手だったのは日米貿易摩擦だ。アメリカによって日本は、海外から半導体を2割輸入することを強いられ、窮余の一策として韓国にノウハウを伝授し、韓国から輸入をすることにした。KFSである生産技術を韓国に提供した結果が、今日の日本の「デジタル敗戦」なのだ。

技術特許がKFSになり得る産業では、製薬会社が挙げられるだろう。近年では相次ぐM&Aで話題に上っているアステラス製薬の戦略が記憶に新しい。アステラス製薬は、相次ぐ特許切れで大幅に減収が予想されるため、必死で有望特許を持つ企業を買いあさっているのだ。敵対的TOBも辞さないアステラス製薬は、日本人の眼から見ると異様に映るかもしれない。

しかし、これは製薬会社の生死を分けるKFSが技術特許にあるからで、企業の戦略としては間違ってはいないのだ。

51

＜品揃えがKFSのケース＞

厚いカタログほど
役に立つ部品業。
選択の幅の広さが
固定客をつくる業界は
意外に多い!

品揃えがシェアや収益性に大きな影響を及ぼす業種として、リレーやタイマー、スイッチ類などの制御部品を扱う業者や、ボルトやナット、コンデンサやトランジスタなど標準化された部品を扱う業者が挙げられる。

その理由はこれらの製品を指定するエンジニアや、購入する資材部のバイヤーの挙動を見れば明らかだ。彼らは自らが要求する機能や性能を満たす物が世の中に存在するかどうか、手近なカタログで調べる。彼らが手を伸ばす、使い慣れたカタログ――それは通常その業界で最も分厚いカタログである。

それは当然だろう。薄いカタログより分厚いカタログのほうが設計者のニーズに合致する商品を選択できる確率が高いからだ。ひとたび目当ての部品が見つかれば、そのカタログのメーカーに型番を告げれば仕事は完了だ。わざわざ薄いカタログを調べることなどしないだろう。

こうして厚いカタログのメーカーはシェアを伸ばし、薄いカタログのメーカーは「不採算機種の整理」をする結果、カタログはますます薄くなり、強者と弱者の差が広がっていく。

たとえ、たったひとつ、素晴らしい製品を開発したところで、その製品の存在をすべてのエンジニアやバイヤーに知らせるためのコストは法外になる。とてもそのコストを反映した価格設定をすることは不可能だ。この場合は厚いカタログのメーカーのOEMとなるのが賢明だろう。

51

品揃えがKFSとなるのは、ひと昔前なら百貨店がその代表だった。しかし現在はヤマダ電機を始め、ヨドバシカメラやビックカメラなどの大型家電販売店や、H&Mやしまむらなどの大型衣料店、イケアなどの大型家具店など、より多くの品揃えを誇る専門店に顧客がシフトしている。

百貨店の品揃えがアドバンテージとなって売り上げを伸ばしているのは「デパ地下」の食料品売り場くらいだ。大型専門店の登場で、「そこに行けば欲しいものが必ずある」という面で負けてしまったのが、百貨店衰退の大きな要因には違いない。

KFSが「品揃え」にある業種には、アマゾンなどのネット店舗も数えられる。現実の店舗同様、「ここを探せばあるだろう」というイメージを消費者に抱かせることで、格差はさらに広がるのだ。2011年、アマゾンの日本市場における小売額は4000億円。楽天の4倍に達している。

マッキンゼーに入社してから、気づいたことや学んだことをノートに書いてきた。その内容が本書の原本である正・続の『企業参謀』として1975年に出版されたのである。

52

＜販売力・販売網がKFSのケース＞

販売力は
人員の数だけでは決まらない。
販売力のKFSは
量×質なのだ!

「シェアの差の理由を述べよ」と問えば、どの業種でも大半は「販売力の差である」と答えるのではないだろうか。実際に販売力がKFSになるケースは非常に多い。

この範疇に入る業種は自動車、清涼飲料水、損保や生保だろう。語解を恐れずに極論すれば、これらの商品には企業による差は少ない。のどが渇いてコーラが飲みたくなったとき、ペプシかコカ・コーラかなどにこだわらず、最も近くにある自動販売機で買うのではないだろうか。

保険や自動車も、多少の好みはあっても「基本性能」の差は実は少ない。むしろ、親身になって自分に合う最適な商品を考えてくれる生保レディや、電話1本ですぐに飛んできてくれる自動車セールスマンが推薦する商品を選んでしまうものだ。

つまり販売力というのは、単純に販売員の量だけでは決まらない。販売員の質との積算で導き出される。

だからこそ、マネジャーは販売員や営業マンの粘りや熱意といったものを引き出し、それを持続させるマネジメント・プロセスが求められる。「精鋭をより多く」という戦略がKFS＝成功のカギの柱を成すのだ。

53

＜サービスがKFSのケース＞

勝つためには
上位メーカーは
「モグラ叩き戦法」、
下位メーカーは
「地域集約化」が
成功のカギ!

“故障”というものがとてつもなく高くつき、あるいは大幅なイメージ低下につながるエレベータ業界や営業車（タクシー、ブルドーザ、トラック、フォークリフト、農業用トラクター）などのメーカーは、サービスこそが企業存続のKFSとなる。

エレベータの場合、シェアが高い低いに関係なく、ビルの途中の階で止まってしまったとき、修理に時間がかかってよいというものではない。もし、全国ネットのエレベータ販売という事業に参入しようという決断を下したなら、同時に、トップメーカーに匹敵するキメの細かなサービス網確立のための固定投資は覚悟しなくてはならない。

つまり、この業界はサービス網を握った者が天下を取り、逆に下位メーカーが背伸びをした先行投資をした場合には、収益面で大幅なハンデを背負うことになるだろう。

こうした場合、トップメーカーはいやがうえにもサービスを売り物にして、確固たる地盤を築かなくてはならない。また、下位メーカーは特定の地域に限定し、決して全国にネットを広げないようにすることが肝要である。

なぜなら限られた地域内での集中販売ならば、その範囲内においては擬似的にトップメーカーなみのシェアを上げることができ、そこでのサービス網の経済性も大幅な破綻の原因にはならずに済むからだ。

53

このようにサービスがKFS＝成功のカギになるケースは、マーケットが成熟している業種に多く見られる。特に営業車や大型事務機器類などは新規需要が少なく、新規ユーザーに対して代替ユーザーが圧倒的な比重を占めることになっているので成長の余力はほとんどない。だからこの種の業種では、ますますサービスを握った者が強くなるのだ。というのも、代替ユーザーはサービスで満足している限り、銘柄の切り替えはほとんどしないからである。

よって下位メーカーにとって打つべき戦略は、地域集約化なのだ。経営資源を一点に集中させずに地方分散してしまうと、もう勝ち目はない。

逆に上位メーカーは「あまのじゃく戦法」（「モグラ叩き戦法」）をとればいい。下位メーカーが集約しようとしている地域をいち早く見つけ出して、その地域では相手メーカーと同等の投資をし、決して下位メーカーが相対的に自社に対して優位に立たないようにするのだ。すると、下位メーカーは打った投資に対し収益が期待したほど上がらず苦しくなる。

したがって、上位メーカーにとっては販売の第一線から上がってくる情報が決定的に重要となる。うっかり、どこかの地域でシェアを伸ばされると、相手の収益構造をよくしてしまう。すると相手は、その地域で得た収益を新たな地域に投入する――。つまり、勢いづかせてしまう結果となりかねない。第一線が目を配って、反撃の根はことごとく握りつぶしていく必要があるのだ。

● 下位メーカーはすぐに叩け！

上位メーカーは下位メーカーが伸びてきそうな地域を素早く見つけ、ただちに叩く戦略をとれ！

54

経営者ならずとも
KFS(=成功のカギ)を常に探す
クセをつけなさい。
競合他社に対してだけでなく、
取引先の思考形態が
明確になるので
仕事のレベルが
格段に上がるはずだ!

少々長くなったが、これまで「原料確保」から「サービス」まで、事業の上流から下流にいたるまで垂直的にKFSの所在を概観してみた。

大雑把な分析なので、例に出した業種のKFS＝成功のカギがそこだけにあるとは限らない。むしろ企業戦略を立案するとき、一度上流から下流までを通して考えることによって、今まで気づかなかったKFSを見つけ出せる可能性があるのだ。

「自分の業界は違うから」と言って読み飛ばさずに、「分析のしかた」「考えるコツ」をつかんでもらえればいいと思う。

また、経営者ならずとも、こういう思考ができるようになると、競合他社の出方だけでなく、自分の上流や下流に位置する取引先の方向性がわかるようになる。すると、今まで漠然とやってきた業務の勘所や競合会社が固執する部分がつかめてくるのだ。要するに、ビジネスパーソンにとっても、この「KFSを考えるクセ」をつけることによるメリットは多大なのだ。

だが、安心してほしい。この本をここまで読んでくれたのなら、かなり“参謀の頭の使い方”とでもいうべきものが、つかめているはずだ。

55

自社のKFS（=成功のカギ）を
知っただけではダメだ。
リスクを甘受した
「思い切った賭け」に出て
業界トップの座を
成し遂げる勇気を持て！

原料確保からサービスにいたるまで、すべてのステップにおいて完全であろうとしてはいけない。なぜならば、すべてにおいて圧倒的優位に立とうとしたら、経営資源がいくらあっても足りないからだ。どの業種においても、1つか2つのステップを完全に制覇することによって、その業界における相対的優位性を勝ち取ることができるものだからだ。

面白いもので、まず業界トップに躍り出て、その後、トップゆえの収益構造を利用して、残るプロセスをだんだんと固めていくという戦略をとる企業ほど、成功しているのだ。要するに初期段階でKFS＝成功のカギを絞り、大胆な戦略をとるほうが、業界トップになる近道なのだ。

逆に低位に残された企業というのは、トップと同じことをすべてやっているにもかかわらず、KFSにあたるステップを通り一遍にやるだけで、徹底さとしつこさを欠いているケースがほとんどだ。

最も勝敗を分けるはずのポイントについて、何となく重要だと感じてはいるが、死にもの狂いで克服すべきKFSだとまでは認識できていない。

KFSを見出しただけで安心してはいけない。KFSがわかったら、リスクを甘受した思い切った賭けを打ってこそ、初めてKFSを利用したことになるのだ。

厳しい企業競争で優位に立つためには、このギャンブルは当然通らなければならない関門なのである。

56

事業戦略の濃淡を
つけるのが経営の本質だ。
硬直化した部門は
切り捨てる覚悟で
経営せよ!

事業というものにはライフサイクルがあり、そのライフサイクルに対応するKFS＝成功のカギが存在する。新規参入した事業に成功したからと言って、このことに気づかないと大きく足もとをすくわれる結果となる。

高度成長を享受した日本の大企業などはまさに好例で、そのことに気づいたときにはもはや、態勢を立て直す余裕すらなくなってしまった。バブル崩壊後に流行語となった「リストラ」という言葉に代表されるように、ドタバタと解雇と事業整理に追われていったのも、急激な経済成長とそれを当て込んだ多角経営――経営資源の制約に縛られない経営しかしてこなかった「報い」だろう。

もし、事業のライフサイクルとKFSとは何かということを経営に反映する習慣があれば、何を生かし、何を切り捨てるべきなのかはすぐに判断がつく。それなのにたった一度の不況で苦しくなったからと言って、固定費を削減し、経営規模を一律に引き下げてしまっては、成長の機会を阻害するだけで、かえって自らのクビを絞めてしまう。

事業というものは、「成長→収益→撤退」というライフサイクルを持っている。それに合わせて事業戦略に濃淡をつけるのが、経営なのだ。

57

考えることを楽しみなさい！

そうすれば、

日本人に欠けている

ブレークスルーする力が

必ず手に入る！

日本の教育というのは子供たちに、10年以上かけて大胆な発想を封じ込める洗脳を施しているという側面がある。

だから、答えがない状況に追い込まれたとき、みんな思考停止してしまう。その障壁となっている状況を打破（ブレークスルー）する発想力がまったく身についていないのだ。だが、それではこの混迷を極めた現代では生き延びることなど不可能ではないだろうか。

私はビジネス・ブレークスルー大学院でイノベーション講座を受け持っているが、優秀な生徒ほどこの洗脳が強く働いているようだ。「私は血液型がAですから、そんな大胆な発想なんて出てきませんよ」なんて生徒ばかりなのだ。ところがそんな生徒でも「東京一の美女（orイケメン）とデートできることになった。どんなデートがしたい？」と聞くと、あきれるばかり多くの発想が出てくる。発想を生む力に血液型など関係ない。A型という血液型の人は発想力がないといった「初めに答えありき」の考えが、思考を固定化してしまっているだけなのだ。

考えることを楽しむ——たったこれだけのことで、洗脳など簡単に外れてしまう。人と違っていたってかまわない。いやむしろ、人と違った考えができることに価値がある——と意識を変えることだ。そうすれば必ずブレークスルーする力が身についてくるのだ！

58

日本のビジネスパーソンよ!
後ろ向きの人が多いからこそ、
前向きになった人から
成功するのだ

ＴＶも新聞もビジネス誌もみな、「デフレだ！」「閉塞状態だ！」「もうダメだ！」のオンパレード。

そうなると日本人はどんどん下向き、内向き、後ろ向きになってしまう。これは日本人の本当に悪いクセだ。

むしろ、「みんなが後ろ向きになっているという状況こそ、俺にチャンスが回ってきた」という発想を持ってほしいし、そんな人が成功をつかむのだ。

成長している国に行ったっていい。葬式産業が国内でも伸びると思ったら、身を投じてもいい。日本で増えているのは単身世帯だから、単身世帯用の落ち着いたレストランなんかも商機ありだ。沈滞した気持ちまで右へ倣《なら》えしていても何も解決しない。

そんなときこそ、「人と違ってもかまわない」という自由な心から生み出される発想が大切なのだ。

（以降、2012年11月刊行予定の『企業参謀ノート・実践編』に続く）

◉監修者紹介

大前研一（Kenichi Ohmae）

1943年福岡県生まれ。早稲田大学理工学部卒業後、東京工業大学大学院原子核工学科で修士号、マサチューセッツ工科大学（MIT）大学院原子力工学科で博士号を取得。日立製作所原子力開発部技師を経て、72年マッキンゼー・アンド・カンパニー・インク入社。日本支社長、本社ディレクター、アジア太平洋地区会長などを歴任。94年マッキンゼーを退職。96年起業家養成学校「アタッカーズ・ビジネス・スクール」を開設。塾長に就任。96～97年スタンフォード大学客員教授、97年カリフォルニア大学ロサンゼルス校（UCLA）大学院公共政策学部教授。2001年より豪ボンド大学教授。05年に日本初の遠隔教育法による経営大学院「ビジネス・ブレークスルー（BBT）大学院大学」設立、学長に就任。10年グローバル経営学科などを加えてBBT大学に改組。本書の原典にあたる『企業参謀』（小社刊）は大前理論の入門書としていまも読まれ続けていて、累計50万部を超える発行部数となっている。

超訳・速習・図解

企業参謀ノート［入門編］

2012年8月5日　第1刷発行
2012年9月15日　第3刷発行

◉監　修　大前研一
◉編著者　プレジデント書籍編集部
◉発行者　長坂嘉昭
◉発行所　株式会社プレジデント社
http://president.jp
http://str.president.co.jp/str/
〒102-8641　東京都千代田区平河町2-16-1
電話：編集（03）3237-3732
販売（03）3237-3731
◉装　丁　竹内雄二
◉編　集　桂木栄一
◉印刷・製本　凸版印刷株式会社

©2012 PRESIDENT Inc.
ISBN 978-4-8334-2018-1
Printed in Japan
落丁・乱丁本はおとりかえいたします。

6つのツールで
ビジネス戦略思考力を身につけろ!

企業参謀ノート
[実践編]

Handbook of Company Staff

大前研一 監修
プレジデント書籍編集部 編

大前流・論理思考術を実行するコツを豊富な図解で素早く習得! 戦略策定に役立つ6つのツールも合わせて紹介。

「ビジネスの現場で決断をせまられた時、『若いから、経験がないから』と二の足を踏んでしまう人のは愚の骨頂。問題の解決法は過去の経験からではなく、論理的思考によって導き出されるべきものだ。この本では、入門編で鍛えた考える力と本質を見抜く眼力を、実践にうつす方法を紹介していく。自分の頭で考え、答えを見つけ出し成果を得る術を身につけてて欲しい」

2012年11月発売予定

大前研一の「大前経営塾」

海外からの
受講も可能

日本企業の経営戦略コース

来たれ！　時代を担うビジネスリーダー

一流の講師陣の豊富な講義

「経営者としての意思決定力」
「経営の方向性を構想する力」
「企業戦略の真髄」の全てを伝授

Japanese companies
Management strtegy
Kenichi Ohmae

ご挨拶

目覚めよ日本のビジネスリーダー、新時代の戦力を身につけろ！

　このプログラムは私がトップマネジメントのコンサルティングを行ってきた経験から経営者として必要な知識、能力を養成するために設計しました。参加者には毎月最新の映像講義や書籍に目を通していただき、その内容について徹底的に討議してもらいます。私がクラスを担当しますが、参加者には私からだけでなく全ての参加者から学んで欲しいと思っています。

　インターネットがあれば世界中から参加できます。iPhoneやiPadなどからでも受講できますので、忙しい方でも無理なく受講できます。期間は1年間。是非受講していただき、1年間の議論を通して経営者としての世界的視野、本質的な思考力を身につけてください。

株式会社ビジネス・ブレークスルー
代表取締役社長

大前経営塾とは

塾長である大前研一や経営者による講義を映像で受講し、大前研一や他社の経営幹部との議論を通じて、経営者としての総合的な視点、思考力、コミュニケーション力を身につけるプログラムです。

3つのねらい

1. 世界的視野・本質的思考力の養成

急速な進化を遂げるグローバルな競争者たち、そして日本企業のおかれた厳しい状況、こういった現実を直視し、今、経営者は何をすべきかをグローバルな視点で徹底的に議論します。また、経営者としての判断力を身につけるために、「質問する力」「考える力」「議論する力」「構想力」などを学び、本質的思考力を養成します。

2. 異業種の幹部候補生との徹底的討議・人脈形成

遠隔教育ソフト「AirCampus®」を用いて、異業種のクラスメートと徹底的に議論します。自社では優秀と思われる方でも、いつの間にか視野狭窄に陥っている危険性があります。多様な意見に触れ、また自分の考えや意見を発信することで、視野を広げ、思考を深めます。また、年に幾度もあるリアルでの交流会・勉強会に参加することにより、質の高い人脈を築くこともできます。

3. 経営者視点の獲得

多くの成功した、又は失敗した経営者の話から経営者としての考え方を学びます。また、どんな状況に直面しても自分の頭で考えて意思決定できるようリアルなケースに基づいたケーススタディを毎週行います。経営当事者としての視点で考える訓練を行うことで、経営者としての視点を獲得します。

コース構成

じっくり考え、身につけるための特別カリキュラム

① 現代の経営戦略

本コースのメイン科目です。この科目は、大前研一が選定した現代の企業経営者にとって最重要なグローバル経営等のテーマで構成されています。毎月のテーマごとに、一年間かけてじっくり考え、大前研一やクラスメイトとの議論に参加すれば、新しい経営のやり方が必ず身につきます。

② 新しい能力を身につける

この科目は、21世紀の経営者として必要な能力を身につけるための科目です。論理思考から構想力まで経営者としての本質的思考力を磨きます。

③ 経営者講義

企業経営者の講義により構成されています。実際の経営者の話を聞いて、彼らがなぜ成功したのか、あるいは、なぜ失敗したのか、つまずくとしたらどういう原因が考えられるか、あなたならどうするか等、じっくり考えてください。経営者としての視点が身につきます。

④「大前研一ライブ」Real Time Online Case Study(RTOCS)

「大前研一ライブ」とは、一週間に起こった様々なニュースを企業経営、戦略の観点から大前研一が独自の視点で解説していく科目です。「RTOCS」は、毎週1社を取り上げ、自分がその企業の経営者であればどういう戦略をとるか、当事者の視点で考える訓練を行うものです。

「大前経営塾〜日本企業の経営戦略コース」

本講座は株式会社ビジネス・ブレークスルーが企画・運営し、株式会社プレジデント社がその販売を担当するものです。

● 企画・運営
株式会社ビジネス・ブレークスルー
TEL：03-5860-5536　http://www.bbt757.com

● お申し込み・お問い合わせ
株式会社プレジデント社 大前経営塾係
TEL：03-3237-3731　http://www.president.co.jp/okei

No. 1ビジネス・コンテンツ・プロバイダー
株式会社ビジネス・ブレークスルー

大前研一総監修の双方向ビジネス専門チャンネル（http://bb.bbt757.com/）：ビジネス・ブレークスルー（BBT）は、大前研一をはじめとした国内外の一流講師陣による世界最先端のビジネス情報と最新の経営ノウハウを、365日24時間お届けしています。6000時間を超える質・量ともに日本で最も充実したマネジメント系コンテンツが貴方の書斎に！

ビジネス・ブレークスルー大学
100％オンラインで学士（経営学）取得可の日本初の大学！日本を変えるグローバル人材の育成！
TEL：0120-970-021　E-mail：bbtuinfo@ohmae.ac.jp　URL：http://www.bbt.ac/

公開講座

◆ **問題解決力トレーニングプログラム**
TEL：0120-48-3818　E-mail：kon@LT-empower.com
URL：http://www.lt-empower.com/

◆ **資産形成力養成講座**　購買力を落とさない資産形成力を手に入れる！
TEL：0120-344-757　E-mail：opencollege@ohmae.ac.jp
URL：http://www.ohmae.ac.jp/ex/asset/

◆ **Life Planningコース**　収入を高め、生活コストを下げる！ 豊かな人生設計を描く！
TEL：0120-344-757　E-mail：opencollege@ohmae.ac.jp
URL：http://www.ohmae.ac.jp/ex/lifeplan/

◆ **実践ビジネス英語講座**
TEL：0120-344-757　E-mail：opencollege@ohmae.ac.jp
URL：http://www.ohmae.ac.jp/ex/english/

◆ **リーダーシップ・アクションプログラム**
再起動せよ！大前流リーダーシップ養成プログラム開講！
TEL：0120-910-072　E-mail：leader-ikusei@ohmae.ac.jp
URL：http://www.ohmae.ac.jp/ex/leadership/

ビジネス・ブレークスルー大学大学院　経営学研究科（MBA）
経営管理専攻／グローバリゼーション専攻　在職で働きながら遠隔教育でMBAを取得(2年間)
単科生（科目等履修生）も募集中！　大前研一「イノベーション」講座　その他多数
TEL：03-5860-5531　FAX：03-5297-1782　URL：http://www.ohmae.ac.jp/

ボンド大学大学院ビジネススクール –BBT MBAプログラム
2年間で海外の正規MBAを取得可能！　～全豪大学ランキングNo.1の実力～
TEL：0120-386-757　E-mail：mba@bbt757.com
URL：http://www.bbt757.com/bond/

大前研一のアタッカーズ・ビジネススクール（新たなビジネスを創造する実践型ビジネススクール！）
新規事業開発、事業変革、起業などMBAでは学べない、現場で成果をあげる術を獲得する
TEL：0120-059-488　FAX：03-3263-4854　URL：http://www.attackers-school.com/

BBTオンライン（ビジネスに特化したマンツーマンオンライン英会話）
ハイクオリティーなレッスンで実践的ビジネス英会話力をパワーアップ。
TEL：03-5860-5578　URL：http://bbtonline.jp/

大前研一通信〈まずは大前通信のご購読をお勧めします！〉
大前研一の発信を丸ごと読める会員制月刊情報誌！ネット上のフォーラム、PDF購読も有。
TEL：03-5860-5535、0120-146-086　FAX：03-5297-1781
URL：http://ohmae-report.com/

お問い合わせ・資料請求は、TEL：03-5860-5530　URL：http://www.bbt757.com/